Enrique Sánchez Rivas

EL CLUB DE LA W

WANCEULEN
EDITORIAL DEPORTIVA

Título:	EL CLUB DE LA W
Autores:	ENRIQUE SÁNCHEZ RIVAS
Diseño de cubierta:	Diego Jiménez Manzano
Diseño del interior:	Ángel Mata Jiménez
Editorial:	WANCEULEN EDITORIAL DEPORTIVA, S.L. C/ Cristo del Desamparo y Abandono, 56 41006 SEVILLA Tlfs 954656661 y 954920298 www.wanceulen.com infoeditorial@wanceulen.com
ISBN:	978-84-9993-288-0
Dep. Legal:	SE
©Copyright:	WANCEULEN EDITORIAL DEPORTIVA, S.L.
Primera Edición:	Año 2012
Impreso en España:	Publidisa

Reservados todos los derechos. Queda prohibido reproducir, almacenar en sistemas de recuperación de la información y transmitir parte alguna de esta publicación, cualquiera que sea el medio empleado (electrónico, mecánico, fotocopia, impresión, grabación, etc), sin el permiso de los titulares de los derechos de propiedad intelectual. Cualquier forma de reproducción, distribución, comunicación pública o transformación de esta obra solo puede ser realizada con la autorización de sus titulares, salvo excepción prevista por la ley. Diríjase a CEDRO (Centro Español de Derechos Reprográficos, www.cedro.org) si necesita fotocopiar o escanear algún fragmento de esta obra.

ÍNDICE

TEMA 1   Dani se pone en forma 7-16

TEMA 2   Fran mejora sus capacidades 17-28

TEMA 3   Verónica quiere participar 29-36

TEMA 4   Ni Ye, el señor de los juegos 37-46

TEMA 5   Hanae construye sus materiales 47-56

TEMA 6   Paula es deportista 57-68

TEMA 7   Tati va de senderismo 69-80

TEMA 8   Quique lleva el ritmo dentro 81-90

¡Hoy jugamos en clase!

EL CLUB DE LA W

JUAN SE PONE EN FORMA

Juan ha decidido cambiar su forma de pasar el tiempo libre. Normalmente dedicaba las tardes a hacer los deberes y jugar a la videoconsola.

Este hábito, unido a una dieta con demasiados dulces y golosinas, han dado como resultado algo de sobrepeso.

La personalidad de Juan es fuerte, a él le importa poco lo que los demás opinen de su cuerpo. Y hace bien.

Pero ha descubierto que unos kilos de más ocasionan problemas de salud (dolor de articulaciones, colesterol o diabetes).

¡Por eso, ha decidido ponerse en forma!

El reto de Juan es **hacer actividad física durante, al menos, tres días por semana.**

Intentará practicar juegos y deportes de equipo, ya que le divierten mucho, y también tiene pensado hacer un poco de footing y patinaje por las calles de su barrio o por el paseo marítimo.

¿Te propondrías este mismo reto?

En caso afirmativo, hay algunas cosas que debes saber...

 JUAN SE PONE EN FORMA

 Vamos empezando, vamos calentando...

El **calentamiento** es lo primero que hacen los deportistas antes de entrenar y consiste en realizar una serie de ejercicios y movimientos que preparan a nuestro cuerpo (músculos, corazón, etc.) para la actividad principal, que requerirá un esfuerzo de mayor intensidad. Por todo ello, el calentamiento es la parte inicial de una clase de Educación Física.

Como su propio nombre indica, un buen calentamiento contribuirá a elevar la temperatura de tu cuerpo. En consecuencia, los movimientos que realices serán más rápidos y eficaces. Esto conlleva importantes beneficios que te ayudarán a:

- Mejorar tu rendimiento en las actividades que realices después.
- Evitar lesiones o reducir su gravedad.
- Incrementar la energía de tus músculos a través del aumento de la circulación de la sangre.
- Aumentar el nivel de concentración en la actividad.

El calentamiento tiene dos partes: una general y otra específica, orientada a una actividad deportiva concreta.

Calentamiento General.

Es aquel que sirve para preparar todo nuestro cuerpo sea cual sea el tipo de ejercicio que se realizará después.

Este calentamiento es el que realizas con más frecuencia en clase de Educación Física. Tu profe te propondrá los ejercicios más adecuados considerando: el nivel de condición física de tu clase, el clima (temperatura) o la hora del día.

Calentamiento Específico.

Es el conjunto de ejercicios que prepara a nuestro cuerpo para una actividad deportiva concreta. Por ejemplo, si vas a jugar al baloncesto, además del Calentamiento General, tendrás que realizar movimientos articulares de **muñecas y dedos**, ya que estas partes de tu cuerpo serán especialmente requeridas al practicar baloncesto.

JUAN SE PONE EN FORMA

Pero, si quieres practicar alguna actividad por las tardes, puedes calentar siguiendo los tres consejos de Juan:

1. **¡Ponte en acción!** Empieza con una carrera continua. A pesar de su nombre no tienes que competir con nadie, sino correr a un ritmo bajo, sin cambiar la velocidad y sin pararte. Haciendo este ejercicio durante cinco minutos conseguirás activar tu corazón para que envíe más sangre a los músculos.

2. **¡Mueve tus articulaciones!** Empieza a mover, una por una, las principales articulaciones de tu cuerpo: tobillos, rodillas, cadera, codos y hombros.

3. **¡Estira tus músculos!** Haz ejercicios de estiramiento para que los músculos más grandes y potentes de tu cuerpo estén a punto. No te olvides de: gemelos, cuádriceps, bíceps femorales...

Juan ha descubierto que puede mezclar ejercicios y carrera continua. Así es más divertido.

¿Te gustaría probarlo?

Pues aquí te ha dejado un dibujo explicativo:

Para estar en forma no basta solo con hacer ejercicio regularmente. También son necesarios otros hábitos saludables, como:

- dormir nueve horas diarias.
- seguir una dieta equilibrada.
- respirar en un entorno libre de malos humos (como los que proceden del tabaco, los coches o las fábricas).

¿Sabías qué...?

Al día siguiente de haber realizado un esfuerzo físico puedes sentir dolor en los músculos. Es lo que se conoce como "**agujetas**", porque la sensación que provoca es similar a la del pinchazo de pequeñas agujas. No te preocupes, es algo normal e irá desapareciendo a medida que tu cuerpo se acostumbre al ejercicio.

¿Cómo reducir su efecto? Hay muchos remedios caseros para las agujetas, como, por ejemplo, tomar un vaso de agua con azúcar antes o después de la actividad. Pero esto es falso. La ciencia ha demostrado que lo más eficaz es:

- Empezar progresivamente. No es bueno hacer un gran esfuerzo el primer día.
- Justo después del ejercicio es conveniente realizar estiramientos y masajear los músculos que más han intervenido.
- Al día siguiente de la actividad, cuando han aparecido las agujetas, no debes quedarte en reposo. Un ejercicio de baja intensidad contribuirá a reducirlas.

Lo normal es que la agujetas duren dos o tres días. Si se prolongan díselo a tu profe y a tus padres.

JUAN SE PONE EN FORMA

Comer sano para estar en forma

Juan ha descubierto que su alimentación no es sana. Para ello ha indagado sobre los alimentos. El punto de partida ha sido saber qué es la **dieta**.

Resulta que esta palabra tan utilizada se refiere al conjunto de alimentos que se consumen en un periodo corto de tiempo (por ejemplo, en un semana).

Estos alimentos tienen que aportar, en su justa medida, los principales nutrientes, que son: los **hidratos de carbono, grasas y proteínas**.

Una dieta equilibrada será la que aporta estos nutrientes a través de alimentos variados, pero ¿en qué alimentos se encuentran los principales nutrientes?

Juan ha creado su propia lista de la compra:

* Hidratos de carbono:
  Pan, arroz, pasta, azúcar y frutas.

* Grasas vegetales:
  aceite de oliva y frutos secos (cacahuetes, nueces, avellanas...).

* Grasas animales:
  mantequilla, el tocino, el queso, pescados, huevos, chocolate, galletas, etc.

* Proteínas de origen vegetal:
  lentejas, judías, garbanzos.

* Proteínas de origen animal:
  carnes rojas (cerdo, ternera...), carnes blancas (aves), pescados, y los productos derivados de animales como la leche, los huevos, el queso, el yogurt.

¿PARA QUÉ SIRVE CADA NUTRIENTE?

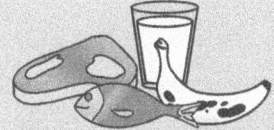

Hidratos de carbono (también llamados carbohidratos o glúcidos o azúcares)

Son la principal fuente de energía para el organismo. Los hidratos de carbono permiten mantener la actividad muscular necesaria para realizar tareas como: andar, correr, estudiar, saltar. Son nutrientes esenciales para todo buen deportista.

Una dieta con pocos hidratos de carbonos no es saludable, ya que obliga a obtener energía de nuestra reserva (las grasas), lo que puede causar desnutrición. Sin embargo, tampoco es recomendable un exceso de hidratos de carbono, ya que supone incorporar al cuerpo más energía de la que necesita.

Grasas (o Lípidos)

En contra de lo que se suele pensar, son muy necesarias para el organismo, ya que forman una reserva energética que garantiza que el cuerpo siga su actividad diaria cuando los hidratos de carbono son insuficientes. Además, la grasa corporal actúa como aislante ante el frío y favorece el transporte de proteínas.

Las grasas están presentes en alimentos de origen animal y vegetal. Y, al igual que sucede con los hidratos de carbono, deben tomarse en su justa medida. Cuando se sobrepasa la cantidad de grasas necesarias, se produce un aumento de peso que puede causar obesidad.

Proteínas

Es el principal nutriente para la formación de los músculos. Las proteínas contribuyen a la formación de células nuevas importantes para el crecimiento. Además, ayudan a combatir enfermedades e infecciones (forman defensas y anticuerpos). Las proteínas están presentes en alimentos de procedencia vegetal y animal.

 JUAN SE PONE EN FORMA

Juan ya sabe los alimentos que forman parte de una dieta equilibrada, pero le falta conocer algo muy importante: en qué cantidad se deben tomar estos y otros alimentos para que su alimentación sea sana. Hay un dibujo que es de gran utilidad para averiguar cuánto comer de cada uno semanalmente: la "pirámide de los alimentos". La base de la pirámide indica los productos que más debes tomar. Y cuanto más arriba esté un alimento, menor debe ser su consumo.

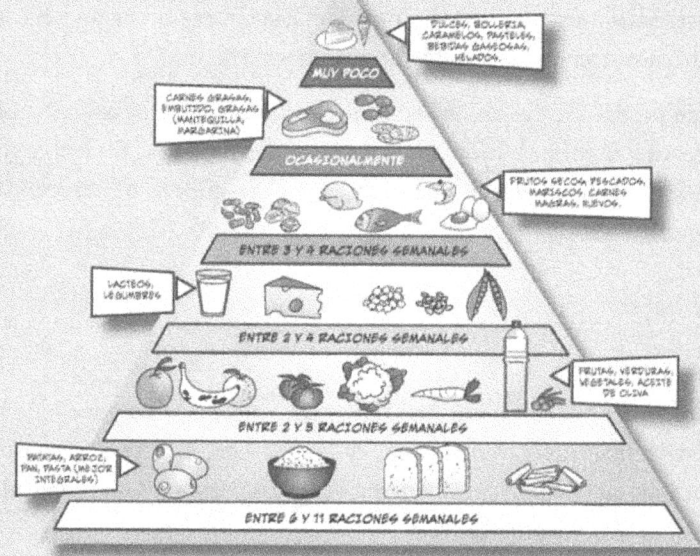

A partir de la información que recoge la pirámide de los alimentos, Juan ha elaborado una lista de normas que va a cumplir para mejorar su dieta:

- Incluir, al menos, una ración diaria de verdura y cuatro o cinco piezas de fruta.
- Tomar todos los días: leche, yogures y otros lácteos.
- No abusar de la llamada "comida rápida" y de platos precocinados, como los palitos de merluza, los muslitos de cangrejo, etc.
- Beber agua, mejor que refrescos.

JUAN SE PONE EN FORMA

 ¿Sabías Qué...?

Según un reciente estudio, España es uno de los países de la Unión Europea con mayor porcentaje de niños y niñas obesos o con sobrepeso entre los 7 y los 11 años.

Una buena forma de averiguar si tu peso es saludable es calcular el **Índice de Masa Corporal (IMC) o Índice de Quételet**.

La Organización Mundial de la Salud (OMS) lo define como el índice ideal para la evaluación de los riesgos asociados con el exceso de peso.

La fórmula que determina el IMC es la siguiente:

$$IMC = \frac{peso\ (kg)}{estatura \times estatura\ (m)}$$

El resultado se puede comparar con los siguientes valores:

< 18,50 Delgadez
18,50 – 25 Ideal (saludable)
> 25 Sobrepeso
> 30 Obesidad

Juan ha calculado su **Índice de Masa Corporal**.

Su peso es de **64,3 Kg.** y su estatura **1,51 m**. Al aplicar la fórmula con estos datos ha obtenido un resultado de **28,20** en su IMC.

Comparando este valor con la tabla anterior, ha averiguado que tiene sobrepeso.

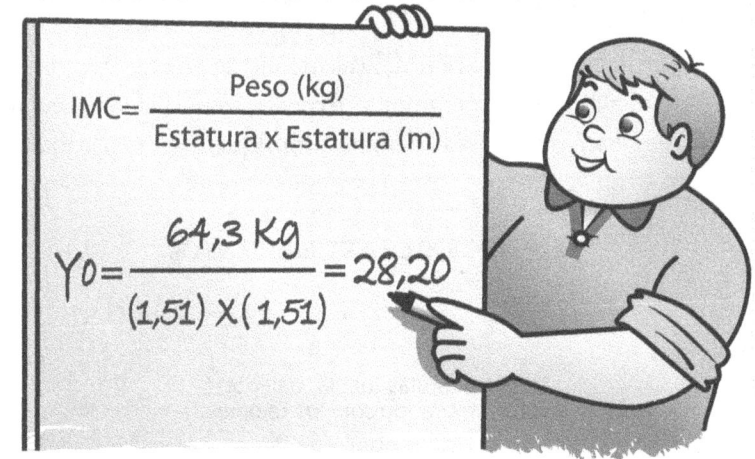

¡RECUERDA! La actividad física y una dieta equilibrada son aspectos fundamentales para evitar el sobrepeso y la obesidad.

 JUAN SE PONE EN FORMA

 ¡Ponte a prueba!

Crear

Hay una gran variedad de ejercicios que pueden formar parte de un calentamiento. Busca y prueba diferentes ejercicios de movilidad articular y estiramiento. Elige uno para cada parte del cuerpo siguiendo un orden lógico, por ejemplo, empezando por la parte inferior del cuerpo y terminando por la superior.

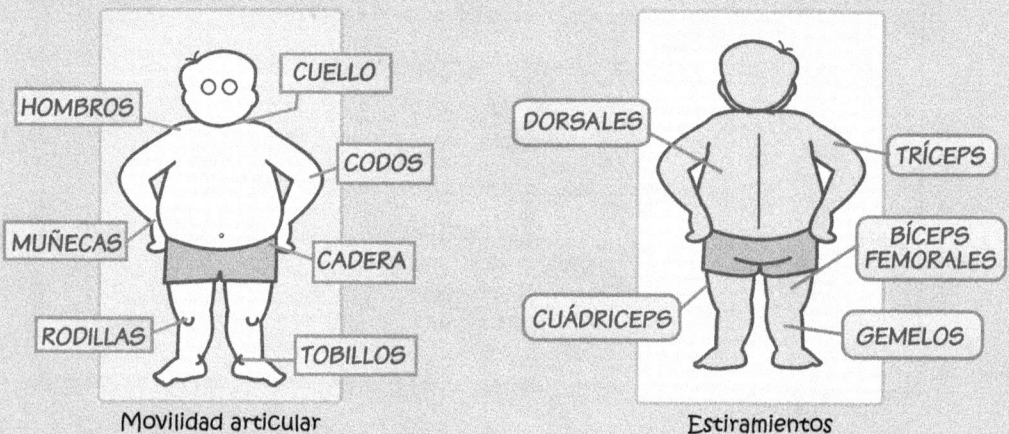

Movilidad articular — Estiramientos

La programación del calentamiento es una tarea imprescindible para todo buen deportista. Inventa ejercicios de movilidad articular y estiramientos para diseñar tu propio calentamiento. Aquí tienes un ejemplo para empezar:

EJERCICIOS DE ESTIRAMIENTOS

Ir de puntillas hacia delante y volver apoyando solo los talones.

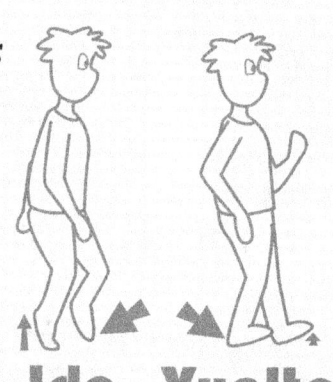

Ida   Vuelta

JUAN SE PONE EN FORMA

Investigar

Muchos alimentos tienen productos químicos que cambian su sabor, color o textura. A estos productos se les conoce con el nombre de "aditivos", y no son muy saludables. En general es recomendable reducir el consumo de alimentos que tengan más de tres aditivos. Puedes averiguar cuántos aditivos tiene un producto mirando su etiqueta. Los aditivos estarán indicados con la letra E seguida de un número.

Investiga en la despensa de tu casa. Mira las etiquetas de los productos de alimentación y crea un ranking con los cinco que tengan más aditivos (identificados con la letra E).

Busca los productos de tu despensa que tengan más conservantes y colorantes. Para localizarlos tienes que fijarte en el número que sigue a la letra E.

* Grasas vegetales:
  aceite de oliva y frutos secos (cacahuetes, nueces, avellanas...).

* Grasas animales:
  mantequilla, el tocino, el queso, pescados, huevos, chocolate, galletas, etc.

* Proteínas de origen vegetal:
  lentejas, judías, garbanzos.

* Proteínas de origen animal:
  carnes rojas (cerdo, ternera...), carnes blancas (aves), pescados, y los productos derivados de animales como la leche, los

Compáralo con los datos de la siguiente tabla:

E1................. Colorantes
E2................. Conservantes
E3................. Antioxidantes (evitan el proceso natural de oxidación)
E4................. Emulgentes, estabilizantes, espesantes y gelificantes (cambian la textura)
E5................. Agentes antiaglomerantes, ácidos, bases y sales
E620 a E635... Potenciadores del sabor (cambian el sabor)
E901 a E904... Agentes de recubrimiento (crean una capa más dura)
E950 a E967... Edulcorantes (proporcionan un sabor más dulce)

¿Qué alimento tiene más colorantes? ¿Por qué crees que se añaden colorantes?

¿Qué alimento tiene más conservantes? Mira la fecha de caducidad, ¿consideras que hay relación entre esa fecha y los conservantes?

Ten en cuenta esta investigación en tu próxima lista de la compra.

JUAN SE PONE EN FORMA

Aplicar

Juan ha descubierto aspectos importantes sobre la alimentación. Pero para que este conocimiento sea útil tiene que aplicarlo a su dieta. En este ejercicio tú harás lo mismo. Anota en tu cuaderno los alimentos que consumes a lo largo de una semana.

	Lunes	Martes	Miércoles	Jueves	Viernes
Desayuno	X	Leche y cereales	Bollo de crema y leche	Leche con galletas	Torta de aceite y leche
Recreo	Palmera y batido de chocolate	Manzana y zumo	Caña de chocolate y batido vainilla	Bocadillo jamón cocido y queso	Napolitana de chocolate y zumo de piña
Almuerzo	Pollo y patatas fritas	Macarrones con tomate y un plátano	Potaje de lentejas	Sopa de fideos y una pera	Huevo con patatas fritas
Merienda	Tostadas con mantequilla y mermelada	Bocadillo de pavo y zumo de naranja	3 donuts y un zumo	X	Trozo de bizcocho y vaso leche
Cena	Hamburguesa con ketchup y natillas	Pizza de verduras y piña	Palitos de merluza con patatas fritas	Tortilla francesa y un yoghurt	Perrito caliente con ketchup

-Tabla elaborada por Juan-

Compara tu tabla con la de Juan y contesta a las siguientes preguntas para descubrir aspectos importantes sobre tu dieta:

1. ¿La dieta de Juan se ajusta a la pirámide de los alimentos? ¿Y la tuya?

2. ¿Qué alimento podría añadir o quitar Juan para que su dieta fuera más equilibrada? Y tú, ¿cómo podrías mejorar tu dieta semanal?

3. ¿Qué día ha sido más saludable en la dieta de Juan? ¿Por qué?

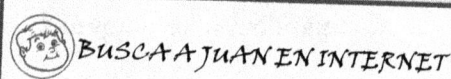

BUSCA A JUAN EN INTERNET

Juan te presenta distintos juegos y ejercicios adecuados para el calentamiento. Además te ayuda a descubrir los que se esconde detrás de la letra E.

www.hoyjugamosenclase.com

Tema 2 — FRAN MEJORA SUS CAPACIDADES

A Fran siempre le ha gustado el **deporte**. Este curso está dedicando casi todo su tiempo libre al baloncesto. Entrena tres días por semana y los sábados juega partidos.

La competición es cada vez más exigente, ya que el nivel de preparación de los participantes va aumentando a medida que suben de categoría. Para mejorar su rendimiento en el equipo, la entrenadora de baloncesto le ha recomendado que mejore sus capacidades físicas.

Lo primero que ha hecho nuestro amigo es conocer mejor cuáles son las capacidades físicas y cómo puede mejorarlas.

Resulta que no es muy difícil, solo tiene que hacer ejercicio.

Cada capacidad se entrena de una forma diferente.

Fran te mostrará lo que tienes que saber, aprenderás a través de sus descubrimientos, que incluyen pruebas (también llamadas "test motores") para comprobar tu nivel.

Además de ayudar a que mejores en cualquier deporte, la práctica regular de ejercicio va a permitir que tu cuerpo esté más sano y preparado para las actividades cotidianas. Aunque antes de empezar, es recomendable conocer como entrenar de forma segura...

RECUERDA: La frecuencia cardíaca será tu mejor aliada.

Todo ésto es lo que Fran ha preparado para el Club de la W... Y también para tí.

 Fran mejora sus capacidades

 La importancia del ejercicio físico

El **movimiento** es una propiedad y una necesidad del organismo humano. El aparato locomotor, es decir, huesos y músculos están especialmente diseñados y construidos para cumplir una misión de sostén y movimiento, pero deben ser ejercitados para que sean capaces de cumplirla eficazmente, si no es así, se atrofian y degeneran.

La falta de ejercicio físico puede producir desviaciones de columna, deformaciones en los pies, ablandamiento del tejido muscular, aumento de la grasa corporal e, incluso, enfermedades como: artrosis, artritis y otras enfermedades degenerativas propias de la vejez, que cada vez están más presente en personas jóvenes que no hacen ejercicio.

Los **sistemas cardiovascular y respiratorio** se ven afectados de la misma forma. Una persona que hace poca actividad tiene el corazón y los pulmones poco adaptados para hacer esfuerzos, cualquier tarea extraordinaria como: subir un tramo de escaleras, transportar un objeto pesado, jugar a la pelota, etc., le producirán un grado de fatiga considerable.

El ritmo cardíaco y respiratorio se alterarán tanto que se verá obligada a realizar estas acciones lentamente, teniendo que pararse a descansar en algunas de ellas.

Practicando ejercicio regularmente se eliminan las consecuencias de la vida sedentaria, sustituyéndolas por múltiples beneficios, que podrían resumirse en uno:

aumentar la capacidad para moverse y hacer cosas.

Fran mejora sus capacidades

La frecuencia cardíaca

La **frecuencia cardíaca** es el conjunto de movimientos que realiza tu corazón. La velocidad a la que late es importante para el control del ejercicio, ya que está relacionada con el esfuerzo que se realiza. Fran ha descubierto que es fácil observar su frecuencia cardíaca. Tiene que tomarse el pulso a través de uno de los siguientes métodos.

- Pulsómetro: resulta el medio más eficaz para el control de la frecuencia cardíaca. Su gran valor es proporcionar información constante durante el ejercicio y de forma inmediata. Además no tiene margen de error, como sucede en los cálculos tradicionales.

En caso de no disponer de pulsómetro, es posible obtener unos resultados fiables siguiendo alguno de los procedimientos siguientes:

- Pulso directo. Se coloca la mano encima del corazón.

- Pulso radial. Se colocan los dedos índice y corazón sobre la arteria radial, que se encuentra en la zona externa del antebrazo, teniendo la palma de la mano girada hacia arriba.

- Pulso carotídeo. Se colocan los dedos sobre la arteria carotídea, en la zona superior del cuello.

 **Tema 2** — Fran mejora sus capacidades

Una vez localizado el pulso, sólo queda contar las pulsaciones durante un minuto. Aunque las matemáticas pueden ayudarte a tomar el pulso en menos tiempo.

Sigue los pasos:

Paso 1. Cuenta las pulsación que tienes en 6 segundos.

Paso 2. Multiplica por 10 el número de pulsaciones que has obtenido.

¿Sabías Qué...?

Realizar ejercicio físico muy intenso no es saludable, ya que hay riesgo de sufrir una lesión o un fallo en el corazón (también llamado: "accidente cardiaco"). Tampoco es bueno que la actividad sea demasiado suave, ya que no provocará mejora en tus capacidades, ¿cuál es la intensidad adecuada? Fran ha descubierto un sencillo método que le ayuda a mantener su entrenamiento en un nivel adecuado. Para ello controla su frecuencia cardiaca durante el ejercicio, procurando que sus valores estén siempre dentro la "Zona de actividad" recomendada para su edad.

Este gráfico te servirá de guía:

También es posible averiguar la frecuencia cardiaca exacta que tienes que lograr para entrenar a la intensidad que quieras (baja, media o alta).

¿Quieres descubrir cómo?

Fran te lo cuenta en:
www.hoyjugamosenclase.com

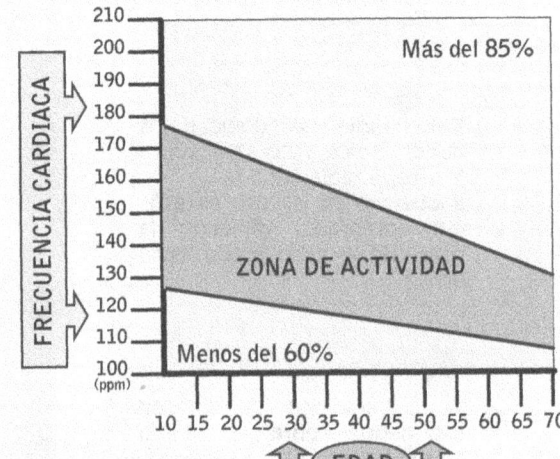

Fran mejora sus capacidades  Tema 2

Las capacidades físicas

Nuestro cuerpo dispone de una serie de capacidades físicas que nos van a permitir la realización de movimientos eficaces. Estas capacidades físicas se clasifican en dos grandes grupos:

- Capacidades Físicas Coordinativas. Son la coordinación y el equilibrio.
- Capacidades Físicas Básicas. Están presentes en un grado apreciable en la mayoría de las actividades físico-deportivas. Son la fuerza, velocidad, resistencia y flexibilidad.

Capacidades Físicas Coordinativas

Coordinación

La coordinación es el control y la sincronización de los diferentes movimientos que realiza nuestro cuerpo y, por lo tanto, interviene en todas las acciones que realizamos diariamente y no solo en las que tienen que ver con la Educación física y el deporte.

Esta capacidad se divide en dos grandes grupos:

Coordinación dinámica general: hace referencia al dominio global de los movimientos.

Coordinación dinámico específica: hace referencia al dominio de los movimiento concretos de las manos y los pies en relación con la vista. Y hay dos tipos según se trate de movimientos de pies o manos.

Fran ha descubierto que la coordinación aparece en casi todas las actividades que realiza. La coordinación está presente desde los primeros años de vida, aunque con la edad y, sobre todo, con el aprendizaje y práctica de actividad física experimenta una considerable mejora. Dicha mejora nos hace más capaces para realizar movimientos.

Fran mejora sus capacidades

Equilibrio

El equilibrio es la capacidad de mantener una posición controlada, sin "caerse" en situación estática, o de asegurar el control durante el desplazamiento del cuerpo.

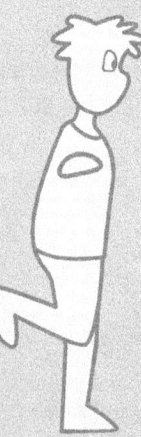

Es por tanto una capacidad muy relacionada con la coordinación.

Podemos distinguir dos tipos de equilibrio:

- Equilibrio estático: capacidad de mantener una postura sin moverse de un lugar.

- Equilibrio dinámico: capacidad de mantener una sucesión de posturas en movimiento.

El equilibrio es una capacidad muy importante en la vida ya que, entre otras cosas, nos permite evitar caídas. Por eso, más que el equilibrio, percibimos la falta de él; el equilibrio nos permite desarrollar acciones tan habituales como ponernos unos pantalones de pie o atarnos los cordones sin apoyo. Pero además es muy importante para poder practicar muchos juegos y deportes...

Fran mejora sus capacidades

Capacidades Físicas Básicas

Resistencia

Es la capacidad de realizar un ejercicio físico más o menos fuerte, durante el mayor tiempo posible venciendo o superando la fatiga. Así, tiene más resistencia aquel que:

- Resiste más tiempo realizando un esfuerzo (por ejemplo corriendo).
- Es capaz de mantener una alta intensidad en ese esfuerzo (por ejemplo, mantiene más velocidad en la carrera).
- Para el mismo esfuerzo se cansa menos (tiene menos fatiga).

Beneficios del entrenamiento de la Resistencia:

- Realización de esfuerzos continuados con una menor fatiga.
- Previene enfermedades cardiovasculares.
- Reduce grasa corporal.
- Mejora la capacidad pulmonar y la circulación en general.

Test: 1.000 metros lisos.

Objetivo: consiste en medir la resistencia aeróbica.

Explicación de la prueba: recorrer una distancia de un kilómetro en el menor tiempo posible.

Es importante que dosifiques el esfuerzo.
Si empiezas con un sprint es posible que no puedas terminar la prueba.

 Fran mejora sus capacidades

Fuerza

Es la capacidad de mover o sostener un objeto mediante la acción de los músculos (contracción muscular). Así es más fuerte quien es capaz de:

- sostener más tiempo un peso.
- mover más lejos un peso.

Beneficios del entrenamiento de la Fuerza:

- Mayor tonificación y ante todo un aumento de la masa muscular.
- Previene las lesiones y mejora la postura del cuerpo
- Mejora la percepción del cuerpo y el control del movimiento.
- Aumento de la capacidad de rendimiento general.

Test: Abdominales en 30 segundos.

Objetivo: medir la fuerza y la resistencia de los músculos abdominales.

Explicación de la prueba: tendido de cúbito supino (sobre la espalda), con piernas flexionadas y separadas a la anchura de los hombros, los brazos cruzados delante del tronco. Un compañero sujeta los pies. Desde esta posición elevar el tronco hasta quedar sentados. Durante todo el tiempo que dura el ejercicio las manos tienen que permanecer entrelazadas por delante del tronco. La espalda tiene que tocar completamente la colchoneta cada vez que el tronco vuelva a tumbarse.

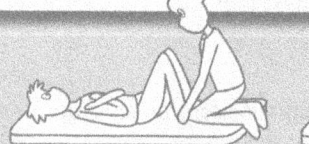 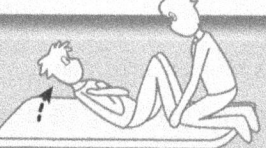 

Abdominales 30"

Test: Salto Horizontal.

Objetivo: medir la potencia de la musculatura extensora de las piernas.

Explicación de la prueba: tras la línea de salto, con ambos pies paralelos y piernas flexionadas. Deberás saltar hacia delante, impulsándote con las dos piernas a la vez, lo más lejos que puedas. Debes tener en cuenta que la distancia que se anotará será la conseguida desde la marca inicial hasta el apoyo más próximo a ésta.

Salto horizontal

Fran mejora sus capacidades

Velocidad

Es la cualidad que nos permite realizar movimientos o gestos con o sin desplazamiento en el menor tiempo posible. Así es más rápido el que corre o realiza un esfuerzo en menos tiempo. Así es más veloz quien es capaz de:

- reaccionar antes frente un estímulo (visual, auditivo, etc.).
- ejecutar un gesto correctamente en el menor tiempo posible. (Ejemplo: lanzamiento de un penalti en Balonmano).
- recorrer una distancia en el menor tiempo. (Ejemplo: carrera de 60 metros lisos).

Beneficios del entrenamiento de la Velocidad:

- Disminución del tiempo de reacción y la rapidez de los movimientos.
- La mejora de la velocidad guarda una estrecha relación con el entrenamiento de la Fuerza.

Test: 50 metros lisos.

Objetivo: medir la velocidad de desplazamiento.

Explicación de la prueba: a la voz de "preparados", deberás estar colocado detrás de la línea de salida sin pisarla, con un pie adelantado y otro atrasado. Y a la voz de "ya" (se pone en marcha el cronómetro) tratarás de recorrer los 50 metros a la mayor velocidad posible. Una vez traspasada la línea de llegada se detendrá el cronómetro.

Es importante correr en línea recta, en sprint desde el inicio y no detenerse hasta después de sobrepasar la meta.

 Fran mejora sus capacidades

Flexibilidad

Es la cualidad que permite movilizar las articulaciones a sus máximos niveles de amplitud. Entonces es más flexible quién más capacidad tiene de explotar la movilidad de sus articulaciones (por ejemplo abrir más las piernas o flexionar más el tronco).

Beneficios del entrenamiento de la flexibilidad:

- Impide el deterioro de nuestras articulaciones.
- Evita la pérdida de flexibilidad.
- Mejora la amplitud y calidad de los movimientos.
- Elimina contracturas musculares.

Test: Flexión profunda.

Objetivo: medir la flexibilidad general de las principales articulaciones del cuerpo.

Explicación de la Prueba: la planta del pie debe estar apoyada sobre la marca correspondiente. Se flexiona todo el cuerpo llevando los brazos atrás por entre las piernas, de forma suave y sin tirones. Se mantienen unos segundos ambos brazos paralelos sobre la cinta en la distancia máxima conseguida. No se permite apoyar las manos sobre la cinta. Se anota la distancia máxima que se ha conseguido.

flexión profunda

Fran mejora sus capacidades  Tema 2

 ¡Ponte a prueba!

Investigar

Tu frecuencia cardiaca no es siempre igual, cambia a lo largo del día, en función de la actividad que haces o tu estado emocional. En esta actividad vas a investigar para conocerte un poco mejor. Tómate el pulso en diferentes momentos del día y regístralo en tu cuaderno.

Pulsaciones justo después de despertarte →	85
Pulsaciones justo después de la sirena del recreo →	140-160
Pulsaciones justo después de un juego intenso →	+160

Piensa y contesta:

- ¿A qué crees que se debe el cambio en tu frecuencia cardiaca?

- ¿Qué implica una frecuencia cardiaca alta?

- ¿Cuál es el límite de pulsaciones que nunca debes sobrepasar? ¿Por qué no debes entrenar por encima de tu límite?

Aplicar

En esta actividad vas a ponerte a prueba en el patio. Lee con atención las pruebas o test motores que te propone Fran en cada Capacidad Física.

Tu profe organizará la clase para que puedas llevarlas a cabo. Tú misión en esta tarea será aprender como hacer cada prueba y registrar los resultados que obtienes en una tabla como la siguiente, que tendrás que copiar en tu cuaderno y llevarlo a clase de Educación física junto con un bolígrafo.

Tema 2 — Fran mejora sus capacidades

Nombre:		Curso:
Fecha:		

Capacidad	Test motor	Resultado
Resistencia	1.000 metros lisos	
Fuerza del tronco	Abdominales en 30 segundos	
Fuerza de las piernas	Salto horizontal	
Velocidad	50 metros lisos	
Flexibilidad	Flexión profunda	

Algunas ideas para que sea más interesante:

- Puedes hacer las pruebas con una pareja. Así mientras tú te esfuerzas, la otra persona medirá la marca que obtienes.

- Puedes repetir las pruebas el curso o trimestre siguiente. Así podrás comprobar tu evolución.

- Puedes comparar tus resultados con baremos. Así podrás ver tu nivel con respecto a otras personas. Tienes baremos en: **www.hoyjugamosenclase.com**

Crear

Diseña un horario semanal para organizar tus actividades físicas en el que indiques el tiempo dedicado a:

- estudiar
- los deportes
- la televisión
- la videoconsola

	Lunes	Martes	Miércoles	Jueves	Viernes
Estudios					
Deportes					
TV					
Videoconsola					

Tema 3 — VERÓNICA QUIERE PARTICIPAR

Vero tiene unas capacidades diferentes a las de los demás. Es una persona con una especial sensibilidad, a la que le gusta participar en todos los juegos y deportes que practica el **Club de la W**. Quizás no pueda hacerlo en las mismas condiciones que los demás, ya que no puede escuchar. Pero esto no le impide disfrutar y aportar valor a su equipo.

Para que alguien con capacidades diferentes pueda tomar parte en los juegos no es necesario prestarle una especial atención o ayuda. Basta con crear los juegos pensando en las personas que van a participar. Es decir, cambiar los juegos para que se adapten a todas las personas, y no al contrario.

Esto es lo que hace el club:

- **Inventar nuevas reglas**. Por ejemplo, cuando se pilla a alguien, además de decirle en voz alta "¡pillado!", hay que correr hacia la portería y cambiar un pañuelo de un poste a otro. Esta regla incluye una señal visual que los no oyentes pueden detectar más fácilmente.

- **Crear nuevos personajes**. Por ejemplo, en cualquier deporte se puede introducir la figura del "sacador". Es la persona que se encarga de poner el balón en juego desde fuera o cuando se logra punto. De este modo, las personas con movilidad reducida pueden participar más activamente.

Los juegos adaptados siempre son diferentes porque dependen de tu imaginación. Así son más divertidos, pero sobre todo los hace justos para todas las personas.

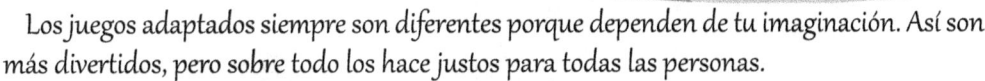

Vero te invita a descubrir algunos de los deportes paralímpicos más practicados del mundo.

Verónica quiere participar

El movimiento olímpico y las personas con capacidades diferentes

Como seguramente sabrás, los **Juegos Olímpicos** son una gran competición deportiva internacional celebrada cada cuatro años en países diferentes. Se llamaron así porque, en la antigüedad, se jugaban en Olimpia. Los Primeros Juegos Olímpicos se realizaron en el año 776 antes de Cristo. En sus comienzos, la principal actividad de los encuentros olímpicos era el pentatlón, que comprendía lanzamientos de disco y jabalina, carreras por el campo, salto de longitud y lucha libre.

Los Juegos Olímpicos Modernos, es decir los que tú conoces, fueron creados por **Pierre de Coubertin**, el principal impulsor de la Educación Física en Francia, quien quería recuperar los ideales deportivos de la Grecia Clásica.

El movimiento olímpico también cuenta con las personas con capacidades diferentes, a través de los **Juegos Paralímpicos**. Estos juegos se crearon en el hospital de Stoke Mandeville, en Gran Bretaña, donde se ideó un programa de rehabilitación para los veteranos de la II Guerra Mundial. El doctor Guttman comprobó que el deporte, sobre todo el competitivo, era una base muy importante para la rehabilitación de los soldados cuyas heridas les impedían andar, ver, oír... Pronto se organizaron competiciones con otros hospitales, pero los primeros Juegos Paralímpicos, considerados como tales, se celebraron en el año 1952, en Helsinki.

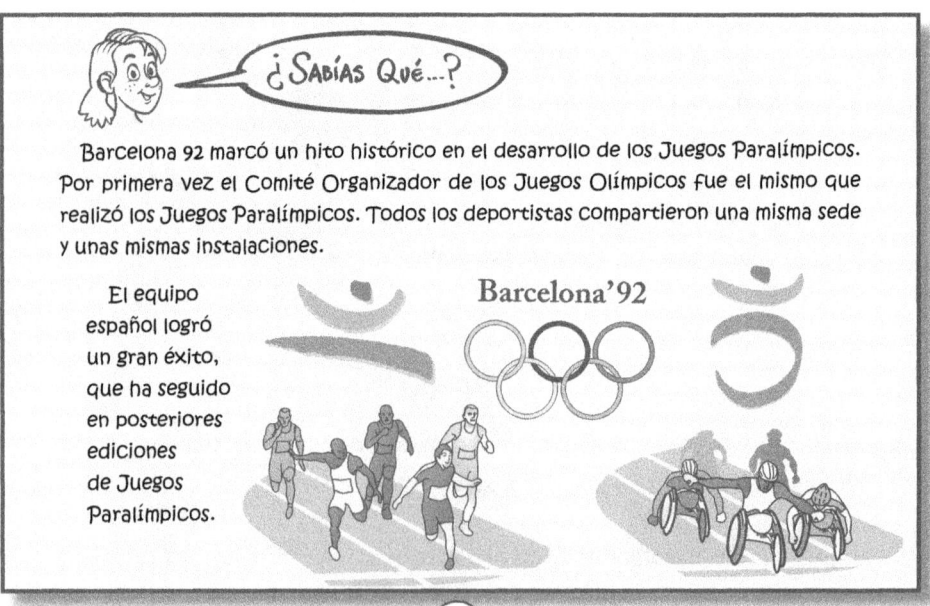

¿Sabías Qué...?

Barcelona 92 marcó un hito histórico en el desarrollo de los Juegos Paralímpicos. Por primera vez el Comité Organizador de los Juegos Olímpicos fue el mismo que realizó los Juegos Paralímpicos. Todos los deportistas compartieron una misma sede y unas mismas instalaciones.

El equipo español logró un gran éxito, que ha seguido en posteriores ediciones de Juegos Paralímpicos.

Barcelona'92

Verónica quiere participar

Goalball en el cole

El **goalball** es un deporte de equipo creado especialmente para deportistas que no ven (invidentes). Se basa en el uso del sentido auditivo para detectar la trayectoria de la pelota en juego (que lleva cascabeles en su interior). Este deporte exige una gran capacidad de orientación espacial para saber estar situado en cada momento en el lugar adecuado, con el objetivo de interceptar o lanzar la pelota.

Es un deporte desconocido para muchas personas. Vero te presenta su reglas fundamentales para que puedas practicarlo en tu colegio:

- Se juega en el suelo de un gimnasio, dentro de un campo rectangular dividido en dos mitades por una línea de centro y una portería en cada extremo.
- Todas las líneas tienen relieve, para que los jugadores puedan detectarlas en el momento de orientarse. En tu colegio puedes colocar cuerdas o cinta aislante sobre las líneas.
- Para el juego se utiliza un balón que contiene en su interior cascabeles, por lo que es necesario guardar absoluto silencio.
- El juego en sí consiste en que cada equipo debe hacer que el balón cruce rodando la línea de gol del contrario mientras que el otro equipo trata de impedirlo.
- Los jugadores llevan antifaces, para igualar a los deportistas ciegos con aquellos que tienen algún resto visual. Vero ha jugado con pañuelos, igual que en el juego "la gallinita ciega".

 Verónica quiere participar

 Boccia en el cole

La **boccia** es un deporte muy parecido a la petanca. Sus participantes son personas que tienen dificultades de movimiento. Por ejemplo, las que van en silla de ruedas.

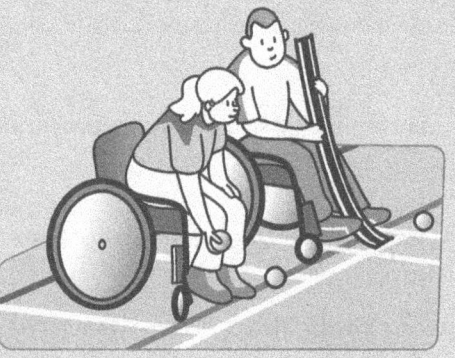

Es un juego de precisión y de estrategia que se adapta a las características de sus participantes. Consiste en lanzar una bola con el fin de dejarla lo más cerca posible de otra llamada "blanca o diana". Cada persona lanzará según sus posibilidades, pudiendo incluso disponer de una "rampa de lanzamiento" si no pudiera utilizar los brazos.

El Club de la W practica la boccia en la modalidad de rampa. Para ello, utilizan un banco sueco que inclinan siguiendo las instrucciones del lanzador, cuya función consiste en colocar la bola en el extremo del banco y dejarla rodar. También es posible utilizar otros materiales a modo de rampa. Por ejemplo, un tubo de PVC o una libreta si se juega en espacios más reducidos.

 ¿Sabías Qué...?

La boccia es un deporte exclusivamente paralímpico desde que se introdujo en los juegos de Seúl 88. A pesar de ello, no es un deporte nuevo. Su origen está en la antigua Grecia. Fue recuperado en los años setenta por los países del Norte de Europa con el fin de adaptarlo a las personas con dificultades de movimientos.

La boccia es un deporte muy practicado en España desde el año 1988, cuando se presentó en los II Juegos Ibéricos para personas con Parálisis Cerebral.

La selección española es uno de los mejores equipos del mundo en este deporte, prueba de ello es que en los Juegos de Pekín logró una medalla de plata y dos de bronce.

Verónica quiere participar

Voleibol sentado en el cole

El voleibol sentado no es más que una forma diferente de practicar un deporte convencional. Las reglas son las mismas que el voleibol, cambiándose solo las necesarias para que personas con problemas de movilidad en sus extremidades inferiores puedan jugar.

- Los jugadores tienen que permanecer sentados, manteniendo la pelvis en contacto con el suelo, y la elevación en el momento de jugar el balón es falta.
- El campo y las distintas zonas coinciden con las de voleibol, salvo por sus dimensiones:

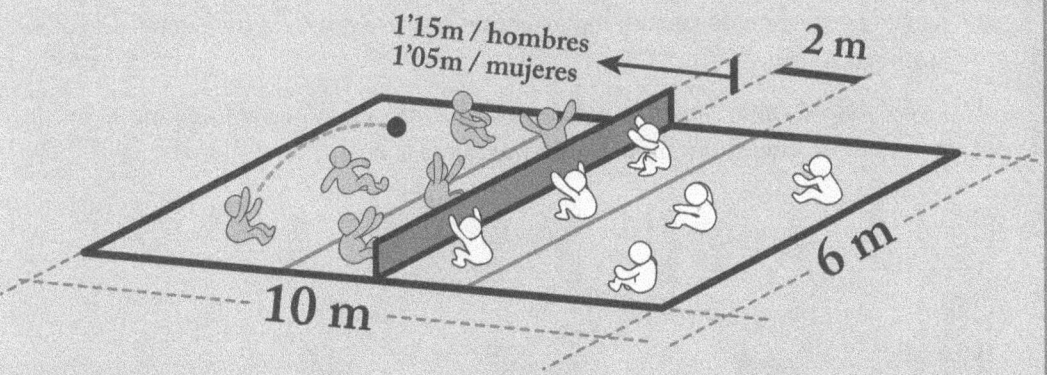

- 10 m de largo y 6 m de ancho.
- La línea de ataque se adelanta a 2 m de la red.
- La altura de la red es menor: 1,15 para hombres y 1,05 mujeres

Verónica quiere participar

Las reglas básicas del voleibol, que también se aplican en la modalidad sentada, son las siguientes:

- Si el balón toca el suelo dentro del campo propio, es punto para el equipo contrario. El Club de la W permite un bote, lo que contribuye a que el juego sea más fácil y divertido.
- Si el balón acaba fuera de la pista de juego impulsado por un equipo, se anota punto el equipo contrario. El contacto con la red o postes también es fuera.
- No está permitido que un equipo supere los tres toques de balón sin haberlo pasado al campo contrario o que un mismo jugador toque dos veces de forma consecutiva el balón.
- Si el toque del balón es incorrecto puntúa el equipo contrario. Se considera que el toque no es permitido cuando hay retención o se acompaña la trayectoria del balón (acompañamiento).

Está permitido el contacto con la red siempre que no perjudique al juego: no se puede obtener ventaja ni obstaculizar al contrario empleando la red.

 BUSCA A VERO EN INTERNET

El voleibol sentado es más divertido si lo practicas con un balón gigante. Puedes construir tú el balón. Puedes consultar los pasos a seguir y los materiales necesarios en:

www.hoyjugamosenclase.com

Verónica quiere participar

¡Ponte a prueba!

Investigar

Los deportes que has conocido en este tema son paralímpicos, pero hay muchos más. Elige uno de estos tres deportes e investiga su versión paralímpica.

 ATLETISMO

 BALONCESTO EN SILLA

 FÚTBOL 5

Copia el informe de investigación en tu cuaderno y complétalo.

INFORME DE INVESTIGACIÓN
- Deporte elegido
- Características de los deportistas
- Descripción del deporte
- Adaptaciones que tiene con respecto a su versión olímpica

Crear

En esta actividad tienes que diseñar un juego que se ajuste a las capacidades de una persona con dificultades para: (1) moverse, (2) oír o (3) ver (elige una).

Para ello, elige un juego de los que practicas habitualmente en clase, recógelo en una ficha de juegos e inventa nuevas reglas que favorezcan la participación de una persona con la dificultad que has elegido.

Copia y completa en tu cuaderno:
- Juego original:
- Dificultad elegida:
- Modificaciones en el juego:

 Verónica quiere participar

Aplicar

Hay personas que tienen dificultades para comunicarse hablando. Estas personas han aprendido a usar gestos para sustituir los sonidos del lenguaje verbal. Han creado su propia lengua, llamada "Lengua de Signos". Aquí puedes ver su abecedario. En esta actividad tienes que utilizarlo para comunicarte con otra persona.

Empieza por mensajes simples, como tu nombre.

Tema 4 — Ni Ye, el señor de los juegos

Ni Ye es de origen chino, aunque ha nacido en España. Sus padres regentan una tienda de ultramarinos y él pasa mucho tiempo en el negocio familiar, ayudando en todo lo que puede.

Ya se ha acostumbrado a estar muchas horas detrás del mostrador, junto a su padre.

Cuando no hay nada que hacer en la tienda y las tareas del cole están terminadas, Ni Ye dedica el tiempo a su gran pasión: **el juego**.

En la tienda hay poco espacio para correr, así que aprovecha los huecos libres para buscar juegos nuevos; utiliza Internet, pregunta a las personas que vienen a comprar y le pide a su padre que le hable sobre juegos chinos.

El gran conocimiento sobre juegos que posee hace de Ni Ye una persona muy popular en su colegio, es "el señor de los juegos". Ni Ye es capaz de proponer un juego distinto para cada día del curso. Conoce juegos para todas las edades, de todos los continentes, de todos los tiempos... El **Club de la W** nunca se aburre cuando Ni Ye está presente.

¿Quieres saber tanto sobre juegos como Ni Ye?

En este tema encontrarás las herramientas necesarias para empezar a descubrir un mundo lleno de juegos.

Ni Ye, el señor de los juegos

Las partes de todos los juegos

El **juego** se define como "la acción de jugar" y jugar como "ocupar el tiempo en una actividad con el único objeto de entretenerse o divertirse".

Antes de seguir los pasos de Ni Ye y comenzar a investigar, tienes que saber que todos los juegos poseen una serie de elementos en común. Su importancia es tal que sin ellos no se podría jugar.

Sin embargo, muchas veces pasan desapercibidos.

Léelos con atención y fíjate en ellos en el próximo juego que practiques.

Requisitos. Como su nombre sugiere, son condiciones sin las cuales el juego no puede llevarse a cabo. Dentro de éstas destacan:

- Número de participantes. Normalmente los juegos suelen ser flexibles, es decir, no precisan un número exacto de participantes. Pero sí hay que llegar a un número mínimo y fijar otro máximo.

- Espacio. Es el lugar en que se va a jugar. A veces tiene que cumplir ciertas condiciones. Por ejemplo, que tenga unas determinadas dimensiones o que esté delimitado con líneas.

- Material. Son los objetos que se usan para jugar. Si no se tienen se podrán sustituir echando mano de un poco de imaginación.

Organización inicial. Indica cómo se deben colocar los participantes y el material justo antes del comienzo del juego.

Desarrollo. Indica qué tienen que lograr los participantes en el juego.

Reglas. Establece las condiciones que tienen que seguir los participantes para que sus logros sean válidos.

Variantes. Son modificaciones que podrían hacerse en un juego para que resulte más fácil o difícil. O, simplemente, diferente.

Ni Ye, el señor de los juegos

Los elementos que forman la estructura del juego se recogen en la **"ficha del juego"**, que es una tabla con la información necesaria para que cualquier persona pueda practicarlo.

A continuación tienes, como ejemplo, la ficha del Pichi-fútbol en la libreta de Ni Ye.

Pichi-fútbol

Organización inicial:
Un equipo se coloca en situación de "patear" (en fila, tras la línea de fondo).

El otro equipo se dispersa por el terreno de juego, dejando a un miembro en situación de "pichi" (encargado de lanzar al pateador).

Se ponen cinco conos (bases) formando un semicírculo a lo largo de todo el terreno de juego. Y un aro frente al "pateador", en la posición de "pichi".

Desarrollo:
El "pichi" lanza al "pateador", que golpea la pelota lo más lejos posible. El "pateador" comienza la carrera alrededor de las bases. Mientras tanto, el equipo contrario recoge la pelota y se la pasa lo antes posible al "pichi". Este deberá gritar "¡pichi!" al tiempo que bota la pelota dentro de su aro. En ese momento el corredor tendrá que haber completado la carrera o estar refugiado en una base. De lo contrario quedará eliminado.

Reglas:
1. Cada vez que se logre un "aire" (recepcionar la pelota del "pateador" sin que llegue a botar) se cambiará el rol del equipo, los pateadores recepcionaran, y viceversa.
2. Cada tres jugadores eliminados se cambiará el rol del equipo.
3. Cuando se completen 10 carreras se cambiará el rol del equipo.

Variantes:
Se pueden introducir nuevos materiales para lanzar (raquetas, bates de beisbol) y pelotas mas pequeñas.

 Ni Ye, el señor de los juegos

Buscando los juegos de aquí

Hay distintos tipos de juegos, los más cercanos al entorno en el que vives se conocen como juegos populares, tradicionales y autóctonos, pero, ¿cómo los diferenciamos?

Aquí tienes algunas pistas:

Juego tradicional.

Significa que se encuentra arraigado en la cultura y que, por tanto, pertenece a las señas de identidad de una población. Son practicados en una determinada comunidad, que refleja en ellos sus rasgos culturales propios. Tradicionalmente se han transmitido de forma oral y han pasado de generación en generación, sólo en los últimos tiempos se ha comenzado su transmisión escrita.

Juego popular.

Son aquellos juegos que están muy difundidos en su entorno, siendo conocidos y practicados por un gran número de personas.

Juego autóctono.

Es el propio de una población, comarca o país.

El juego se ha practicado siempre, a lo largo de la historia. Incluso ha quedado reflejado en las crónicas que hacían diferentes historiadores.

Estrabón (en el siglo I) es uno de los primeros en documentar la práctica de juegos tradicionales, en concreto las luchas lúdicas entre Cántabros y Astures.

Desde entonces se han recogido múltiples referencias, especialmente en la literatura y pintura costumbrista.

Un ejemplo son los famosos tapices de Goya:

"La gallina ciega"
Francisco de Goya

Por ello es posible afirmar que la evolución de los juegos en nuestro país ha sido progresiva y su práctica constante hasta la Dictadura, periodo en el que sufre cierto estancamiento debido a la aparición de nuevos deportes, las migraciones y las largas jornadas de trabajo en las fábricas que aparecieron por todo el país en el proceso de industrialización.

Ni Ye, el señor de los juegos

 Buscando los juegos de otros lugares

Los juegos no son un patrimonio exclusivo de nuestra cultura, en todos los países del mundo se practican juegos populares, tradicionales y autóctonos. A través de compañeros y compañeras de clase que han nacido en otro país, puedes descubrir juegos de los cinco continentes. Eso es lo que suele hacer Ni Ye, que ve en cada persona una nueva oportunidad de aprender un juego.

Así, ha podido comprobar que en todos los países se juega de una forma parecida a como lo hacemos aquí. Algunos juegos consisten en "correr para que no te pillen", otros en "lanzar un balón para tratar de golpear a alguien"... ¿Has jugado alguna vez a juegos parecidos? Seguro que sí. Buscando juegos del mundo descubrirás que son más las cosas que tenemos en común con otros países que las que nos diferencian, y esto no solo sucede con los juegos.

 ¿Sabías qué...?

Los niños de Europa cada vez juegan menos en la calles y más con la vídeo-consola. Sin embargo, en la mayoría de los países de África esto no sucede.

Sus sociedades son diferentes, hay menos tecnología en las casas y una mayor convivencia en las calles y plazas.

Los niños pasan más tiempo juntos, jugando.

Por ello, África es el lugar del mundo en el que más juegos se conservan y se practican. Además suele tratarse de juegos en los que se requiere poco material.

Con imaginación, los africanos suplen sus carencias materiales.

El Trinta e cinco de Mozambique es un buen ejemplo.

¿Crees que puedes organizarlo en el próximo recreo?

Cuenta tu experiencia en el blog: www.hoyjugamosenclase.com

Ni Ye, el señor de los juegos

Juego: Trinta e cinco

Número de participantes: 8 personas distribuidas en dos equipos.

Espacio: Se utiliza un cuadrado 10 x 10 metros, que tiene dentro otro cuadrado más pequeño (8 x 8 metros). En cada una de las esquinas del cuadrado interior se dibuja un semicírculo.

Materiales: Una pelota blanda y tiza.

Organización inicial:
El equipo que inicia el juego sitúa a cada jugador en una esquina, mientras el otro equipo se coloca detrás de las líneas del cuadrado grande, con la pelota en la mano de uno de los jugadores.

Desarrollo:
Los jugadores del equipo interior intentan pasar de esquina en esquina, en sentido opuesto a las agujas del reloj, mientras los jugadores del otro equipo les intentan acertar con la pelota cuando se desplazan de un semicírculo a otro.

Reglas:
1. Siempre que un jugador logre cambiar de esquina suma cinco puntos.
2. Si la pelota golpea a un jugador cuando está fuera de un semicírculo, éste queda eliminado y abandona momentáneamente el terreno de juego.
3. Cuando un jugador logra sumar 35 puntos obtiene un punto para su equipo. Además salva a los compañeros eliminados, que pueden volver.
4. Si todos los jugadores son eliminados antes de conseguir puntuar, se intercambia la posición con el otro equipo.

Variantes: Para hacer el juego más emocionante se puede introducir una segunda pelota.

Trinta e cinco

Ni Ye, el señor de los juegos

 Inventando nuevos juegos y deportes

A pesar de la gran cantidad de juegos que podemos descubrir investigando la historia, no todo está inventado. Hay muchos juegos nuevos, que surgen gracias a que personas como tú buscan otras formas de pasarlo bien... A estos nuevos juegos o deportes se les llama "**alternativos**", por ser una alternativa a los que ya conocemos.

Los juegos y deportes alternativos tienen una serie de características en común: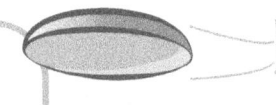

- El material que se usa es fácil de conseguir. Hay muchos juegos para los que solo necesitas pelotas. Otros requieren materiales que puedes construir con productos reciclados.

- El reglamento es sencillo y la dificultad baja. Estos juegos se dominan en un día. Sin embargo, para aprender un deporte tradicional, como el baloncesto, necesitas semanas de práctica.

- Se juega individualmente o por equipos mixtos, que es más divertido. Son juegos no discriminatorios. Fíjate en los deportes que más salen por televisión y verás que todas las competiciones están separadas en categoría masculina y femenina... Un poco discriminatorio, ¿no te parece?

- El espacio de juego no requiere una señalización muy específica. Se suelen aprovechar las líneas que hay marcadas en la pista para otros deportes: fútbol-sala, baloncesto, tenis, etc.

- Lo realmente importante en estos juegos es cooperar, hacer actividad física y divertirse. No suele haber competiciones, por lo que la importancia de "ganar" pasa a un segundo plano.

Seguro que en clase de Educación Física has practicado juegos alternativos.

A continuación puedes ver una clasificación con los juegos más conocidos:

Juegos de Lanzamientos	Juegos y deportes colectivos	Juegos y deportes de cooperación	Juegos y deportes sobre ruedas
Frisbee	Shuttleball	Paracaídas	Monopatín
Boomerang	Indiaca	Balones gigantes	Patines sobre ruedas
Juegos Malabares	Pichi-Fútbol		Bicicleta
	Fun ball (Suavicesta)		
	Ultimate		
	Floorball (unihockey)		
	Netball		

Ni Ye, el señor de los juegos

¿Sabías Qué...?

Las características de los juegos y deportes alternativos hacen que sean una de las actividades más habituales en las clases de Educación Física escolar. Juegos como el Shuttleball o la Indiaca son cada vez más conocidos gracias a que niños como Ni Ye lo enseñan a sus familiares después de haberlo aprendido en clase. Aquí tienes un ejemplo de juego alternativo, el Bótebol. ¿Lo practicarías con tus amigos?

Cuenta tu experiencia en el blog:
www.hoyjugamosenclase.com

Bótebol

Juego: Bótebol

Número de participantes: entre 4 y 12, distribuidos en dos equipos mixtos

Espacio: Se puede jugar en cualquier lugar. Utiliza tizas para delimitar un rectángulo.

Materiales: pelota que bote y cajas de cartón (o un banco del parque, una red, etc.) para separar el campo de cada equipo.

Organización inicial:
Cada equipo se coloca en su campo, ocupando el espacio como mejor crea conveniente.

Desarrollo:
El juego se inicia con el saque, que se efectúa desde la línea de fondo. Con la pelota en juego, se trata de pasarla por encima de la red y que dé más de un bote seguido después de caer sobre el terreno de juego contrario.

Reglas:
1. Cada equipo tiene que dar tres toques antes de pasar el balón al campo contrario, pero no dos veces seguidas el mismo jugador. Y los tres golpes no pueden efectuarse por participantes del mismo sexo.
2. Se puede golpear el balón con cualquier parte del cuerpo.
3. Si la pelota bota fuera del terreno de juego, el equipo contrario puntuará y sacará.
4. Para conseguir puntuar tenemos que haber sacado. En caso contrario recuperaremos el saque, produciéndose en ese momento una rotación del equipo que recupera en la dirección de las agujas del reloj.

Variantes: Se puede jugar sin utilizar las manos para golpear, así se incrementa la dificultad.

Ni Ye, el señor de los juegos

¡Ponte a prueba!

Aplicar

Copia en tu cuaderno la ficha de juegos. Elige el juego que más te haya gustado de los practicados en clase de Educación Física. Usa tus conocimientos sobre ese juego para completar la ficha. En el caso de que no recuerdes algún dato, lleva tu libreta a la próxima clase y completa la ficha con un juego de los que proponga tu profe.

Juego:	
Número de participantes:	
Espacio:	
Materiales:	
Organización inicial:	Desarrollo:
Reglas:	
Variantes:	

Como has podido comprobar a lo largo del tema, un dibujo ayudará a que otras personas comprendan mejor el juego.

Investigar

Al igual que hace Ni Ye, tienes que iniciar la búsqueda de un juego. Y para ello, tienes que entrevistar a una persona de tu entorno (familia, vecinos, etc.). Tu primer paso será seleccionar a la persona que quieres entrevistar.

Después tendrás que preparar en tu libreta las preguntas que le vas a hacer.

Una vez que realices la entrevista, tienes que registrar el juego para no olvidarlo y comprobar si te falta algún dato importante. Diseña una ficha de juegos con la información que has obtenido.

Para clasificar el juego tendrás que responder a las siguientes preguntas:

¿Se trata de un juego popular? ¿Por qué?

¿Se trata de un juego tradicional? ¿Por qué?

¿Se trata de un juego autóctono de tu ciudad o pueblo? ¿Por qué?

 Ni Ye, el señor de los juegos

Crear

En este ejercicio tendrás que inventar tu propio juego alternativo. Puedes partir de un juego o deporte que ya conoces. Modifica sus reglas o los materiales que se necesitan.

Recoge el nuevo juego en tu libreta, en una ficha de juegos.

Somete el juego que has inventado al siguiente test de calidad y contesta SÍ o NO en tu cuaderno:

a) ¿Se juega por equipos?
b) ¿Se puede jugar con material reciclado?
c) ¿Pueden jugar personas de todas las edades?
d) ¿El equipo tiene que cooperar para obtener un buen resultado?
e) ¿Los equipos tienen que ser mixtos?
f) ¿Se puede jugar en la calle (en el parque o plaza de tu ciudad o pueblo)?
g) ¿Los participantes quieren jugar, se divierten?
h) ¿Es posible aprender todas las reglas en cinco minutos?
i) ¿Se puede jugar sin haber entrenado antes?
j) ¿Puedes recogerlo en una ficha de juegos?

Cada vez que hayas respondido **SÍ** suma un punto para el juego que has creado.

¿Cuál es la puntuación de tu juego?

Para mejorarlo puedes seguir modificándolo hasta lograr un 10 en el test.

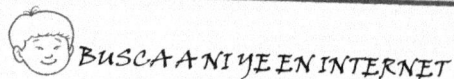 BUSCA A NI YE EN INTERNET

Ni Ye ha recogido sus mejores juegos en un fichero que ha publicado en Internet.

Descúbrelos y diviértete con ellos a través de:

www.hoyjugamosenclase.com

HANAE CONSTRUYE SUS MATERIALES

Hanae es de Marruecos. Su familia llegó a Andalucía hace dos años en busca de una vida mejor. La Alhambra es un lugar especial para Hanae. Este palacio está en Granada y fue construido durante la estancia de la civilización musulmana en la Península Ibérica. Sus hermosos jardines y su arquitectura hacen que Hanae se sienta cerca de su ciudad natal, Nador, donde dejó a sus abuelos y amigos del anterior colegio.

La vida en Nador no era fácil. Su padre tenía varios empleos y casi no lo veía. A pesar de ello, siempre faltaba el dinero en casa. Hanae nunca tuvo un juguete nuevo, pero eso tampoco le importaba demasiado... Siempre estaba ideando la forma de construir materiales para jugar a partir de lo que se desechaba en casa.

¿Te atreves a crear tus propios materiales?

En la lectura encontrarás la información que necesitas.

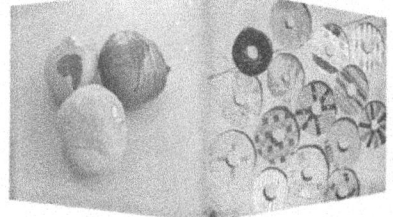

HANAE CONSTRUYE SUS MATERIALES

¡No rompas el ciclo, recicla!

Rescatar un material que iba a la basura y volverlo a utilizar es "**reciclar**". Cada vez son más los hogares en los se que separa la basura en varios contenedores identificados con un código de color: gris (basura orgánica), amarillo (envases), azul (papel y cartón) y verde (vidrio). Esta acción es de gran importancia para el medioambiente, ya que contribuye a reducir el consumo de recursos naturales.

Por ejemplo, al reciclar papel estás evitando la tala de árboles. Además se reducen los gases que tienen que emitir las fábricas para transformar la materia prima.

Hanae separa la basura en casa, pero antes de llevarla a su contenedor correspondiente la revisa en busca de nuevas posibilidades. Recuerda que en Marruecos hacía muchos tipos de pelotas para jugar. De todas, las que más le gustaban eran las de arena y las gigantes.

Así que junto a la Alhambra enseña a sus amigos y amigas del Club de la W cómo construirlas y a qué jugar con ellas.

HANAE CONSTRUYE SUS MATERIALES

 Reciclando y reciclando, con bolas vamos malabareando...

Hanae ha recogido bolsas de plástico y globos de un cumpleaños. Dado que la Alhambra no está cerca de la playa como su casa de Nador, ha sustituido la arena por lentejas o arroz. Con estos materiales nos muestra cómo hace su **pelota de malabares**:

Paso 1:

Introducir las lentejas en una bolsa pequeña de plástico y darle forma de bola.

Paso 2:

Cortar la boquilla de un globo e introducir la bolsa por el orificio.

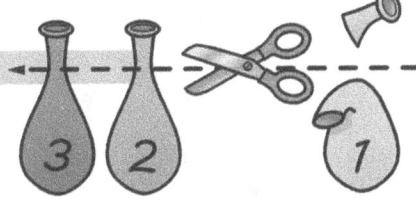

Paso 3:

Pon, como Hanae, varios globos para darle consistencia a la bola y que las lentejas no se salgan cuando caiga al suelo.

 HANAE CONSTRUYE SUS MATERIALES

El abuelo de Hanae le contó que la evidencia más antigua que tenemos sobre el **malabarismo** proviene del Antiguo Egipto. Se trataba de una pequeña escultura de un hombre malabareando, al parecer, con cuchillos. La siguiente referencia histórica la encontramos en un manuscrito de la antigua China en el que se recogen las actuaciones ante el emperador de una persona que hace malabares con siete espadas. Se trata, por tanto, de actividades que el ser humano ha encontrado interesantes desde hace mucho tiempo.

Durante el siglo pasado, los malabares fueron incluidos en el teatro. Hoy han desaparecido de los escenarios teatrales y suelen formar parte del espectáculo circense. Además son practicados por muchas personas en el mundo que, como nosotros, comenzaron a malabarear con una bola.

Hanae nos propone dos tipos de actividades malabares para realizar en clase:

1. **MALABARISMOS:** Dominio de varios objetos que se lanzan y realizan figuras en el aire.

1 BOLA:

Paso 1:

Lanzar hacia arriba y recoger.
Primero con la mano izquierda y después con la derecha.

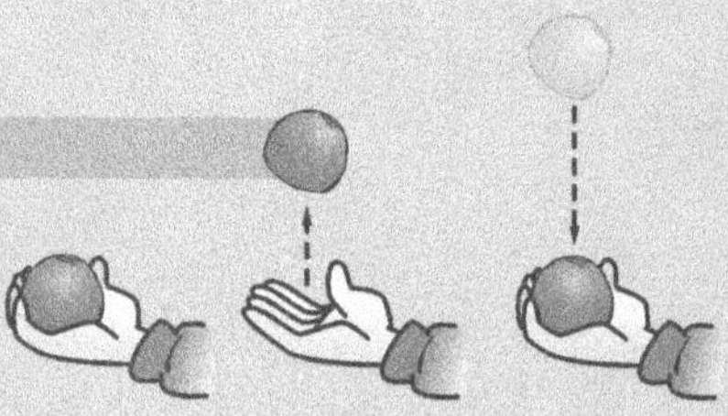

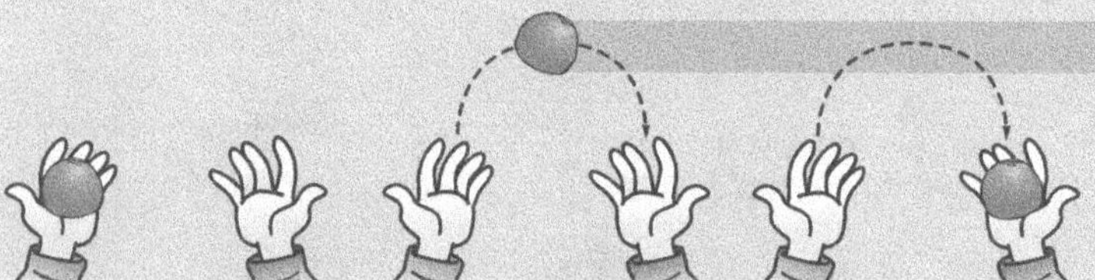

Paso 2:

Lanzar hacia arriba con la mano izquierda y recoger con la derecha.

HANAE CONSTRUYE SUS MATERIALES

1 2 BOLAS:

Paso 1:

Lanzar y recoger con ambas manos, de forma simultánea y alternativa.

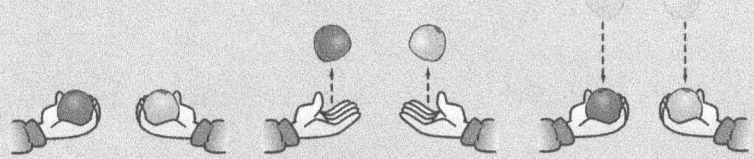

Paso 2:

Igual al paso 1, pero esta vez realizando círculos en una mano.

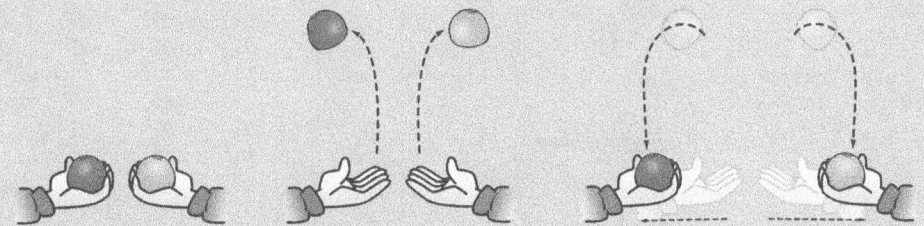

Paso 3:

Lanzar de una mano a otra, de forma simultánea y alternativa.

 HANAE CONSTRUYE SUS MATERIALES

1 2 3 BOLAS:

Paso 1:

Empezamos lanzando con la mano donde tenemos dos bolas.

Cuando la bola llega a su punto máximo lanzamos con la otra mano y recogemos la primera bola.

Recogemos la segunda.

Paso 2:

Lanzamos la primera bola, de las dos que tenemos en la misma mano.

Cuando la bola llega a su punto máximo, lanzamos con la otra y recogemos la primera bola.

Lanzamos la tercera bola cuando la segunda está en la cima de su arco.

Recogemos la segunda y recogemos al final la tercera.

2. JUEGOS MALABARES: Juegos en los que se incluye la realización de malabarismo.

Hanae ha modificado juegos de Educación Física incluyendo los malabares cuando se está pillado. Por ejemplo, cuando juegan a "Policías y ladrones", éstos recurren a sus bolas mientras se encuentran en la "cárcel".

HANAE CONSTRUYE SUS MATERIALES

 Tema 5

Reciclando y reciclando, el disco vamos lanzando...

El *disco volador* o *"frisbee"* es otro objeto que se puede utilizar para hacer malabares, aunque Hanae prefiere utilizarlo para practicar otros juegos. Pero antes de conocerlos tienes que construir tu propio disco.

Lo primero es reciclar algunos cartones duros. También vas a necesitar pegamento y ceras para la decoración. Una vez que hayas conseguido todo lo necesario...

¡Sigue los pasos y no te pierdas!

Paso 1. Dibuja tu disco, sobre los cartones adecuando el diámetro a tu gusto. Puedes utilizar el compás.

Paso 2. Repite el dibujo varias veces y recorta los diferentes discos que has dibujado.

Paso 3. Coge todos los discos y pega unos con otros.

Paso 4. Crea una decoración colorida para que tu disco sea único.

Hanae es una chica curiosa y antes de jugar ha buscado en Internet datos sobre el origen de este divertido material. Resulta que lo crearon unos jóvenes, en California (1.903), por casualidad, mientras se divertían tirándose tartas unos a otros.

Se popularizó cuando los soldados empezaron a practicarlo en las bases militares tras la II Guerra Mundial como medio para entretenerse.

En 1946 Walter Frederick Morrison patentó el primer disco volador al que llamo "Pluto Platter". Wham-O compró la patente a Morrison en 1.950. Luego lo comercializó como juguete y artículo deportivo y comenzó a construirlo en material plástico. En 1.974 se celebraron en California los primeros campeonatos del mundo de Frisbee.

 HANAE CONSTRUYE SUS MATERIALES

Después de compartir lo que ha encontrado, Hanae aconseja al **Club de la W** como manejar el disco volador:

- **Agarra el disco.** Coloca tu dedo índice a lo largo del borde externo del disco, el pulgar en la parte superior y el resto en la inferior.

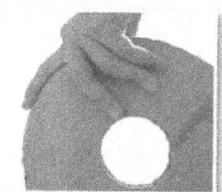

- **Carga.** Lleva el disco hacia el hombro izquierdo, la pierna del lado del brazo que lanza estará adelantada y las rodillas semiflexionadas.

- **Apunta.** Simula el lanzamiento extendiendo el brazo horizontalmente hasta quedar apuntando en la dirección elegida.

- **Lanza.** Extiende rápidamente tu brazo y termina el movimiento con un giro de muñeca -extensión de muñeca- para darle más impulso final a la salida del disco. Al final bloqueamos el brazo, antebrazo y mano, con una parada en seco justo en la dirección que queremos que salga el disco.

 ¿Sabías Qué...?

Cada vez somos más conscientes de la importancia del reciclaje. Prueba de ello es que no sólo se recicla vidrio, papel y envases; también puedes reciclar restos de pintura, equipos electrónicos antiguos o pilas, cuyos componentes son muy contaminantes y pueden ser perjudiciales para nuestra salud y para el planeta. Por ello, casi todas las ciudades cuentan con una instalación dedicada a recogerlos y reciclarlos. Este lugar tiene un nombre muy apropiado:

"Punto limpio".

Busca el punto limpio más cercano a tu lugar de residencia y averigua qué residuos admite. Prepara esta información para compartirla en una puesta en común en clase de Educación Física.

HANAE CONSTRUYE SUS MATERIALES

El disco volador es un material con el que podemos practicar diferentes juegos de equipo e individuales. Hanae afirma que para aprender mejor cómo lanzar y recibir el disco, hay que practicar estos juegos:

- **DISTANCIA:**
  Se trata de hacer 4 lanzamientos en un tiempo de 2 minutos midiendo quien lanza más lejos.

- **M.T.A. (Máximo tiempo en el aire):**
  Al igual que las pruebas anteriores se dispone de 4 lanzamientos. El objetivo es lanzar el disco intentando que vuele o planee el máximo tiempo posible para luego recogerlo con una mano. El tiempo se cuenta desde que sale de la mano hasta que lo recoge.

- **T.C.R. (Tirar, correr y recoger):**
  Consiste en lanzar el disco y salir corriendo hasta cogerlo antes de que caiga al suelo.

- **PUNTERÍA:**
  Consiste en realizar lanzamientos tratando de pasar el disco por un aro colgado en la portería o entre las piernas de tus compañero.

Y para hacerlo más divertido, propone al Club de la W que cada miembro diseñe su propia "ficha de puntuación". De esta forma podrán registrar sus logros y ver como mejoran poco a poco.

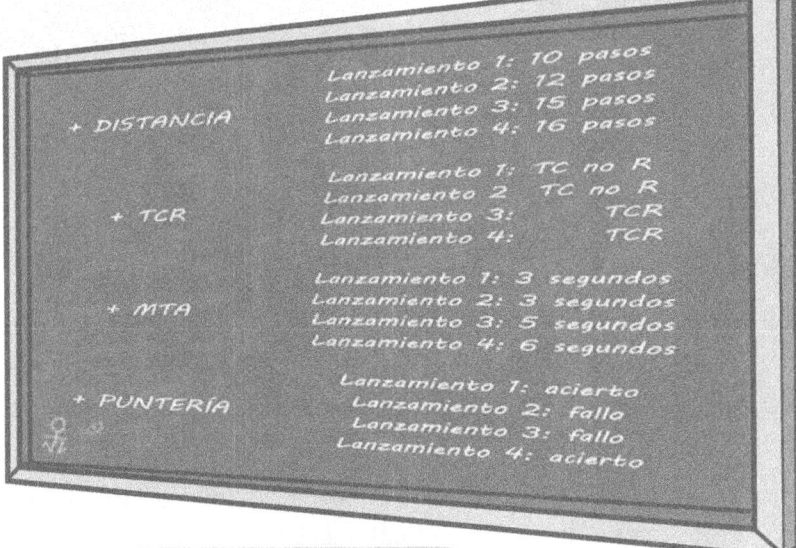

¿Te atreves a hacer lo mismo?

-Ficha de puntuación de Hanae-

 HANAE CONSTRUYE SUS MATERIALES

¡Ponte a prueba!

Investigar

Uno de los juegos más divertidos que puedes practicar con el disco que has construido es el "Ultimate".

Recoge la información que necesitas para conocerlo y practicarlo.

Estas preguntas te orientarán en tu búsqueda:

a) ¿Cuál es el origen del "Ultimate"? ¿Hay competiciones en la actualidad?

b) ¿Cuáles son las reglas que debes aplicar en el juego?

c) ¿Cuántos jugadores forman cada equipo?

d) ¿Qué material e instalaciones necesitas para jugar?

e) ¿En qué lugares de tu barrio o pueblo podrías practicar este juego?

Utiliza tu cuaderno para diseñar un informe de investigación siguiendo este modelo:

- Tema de la investigación
- Resumen de los datos obtenidos
- Fuentes consultadas (libros, páginas Web, personas, visita a lugares, etc.)

 BUSCA A HANAE EN INTERNET

Hanae te muestra distintos materiales que ha autoconstruido y te indica los pasos que tienes que seguir en cada caso para hacerlos tú mismo.

www.hoyjugamosenclase.com

Crear

Inventa tres retos con bolas de malabares. Recoge las condiciones en las que tiene que realizarse cada reto y el resultado que ha de alcanzarse para superarlo.

Recógelos en tu cuaderno y llévalos a la clase de Educación Física para poder retar a otra persona.

Puedes ayudarte de la siguiente ficha:

Aplicar

Elige un juego que practiques habitualmente en clase de Educación Física e introduce alguna regla nueva que permita adaptar el juego a los materiales que hemos fabricado.

Tema 6 — PAULA ES DEPORTISTA

La madre de Paula fue voluntaria en los Juegos Olímpicos de Barcelona 92. Quizás su afición al deporte le venga de ahí. No lo sabemos, pero lo que es seguro es que ha practicado muchos, muchísimos deportes... Y como experta oficial del **Club de la W**, tiene varias cosas claras sobre los deportes:

- Son muy divertidos siempre que se acepte con deportividad el resultado y se respeten las reglas. Muchas personas, incluidas profesionales del deporte, no entienden bien la competición. Creen que hay que ganar de cualquier forma... Que solo importa la victoria. Sin embargo, no es esto lo que promueve el espíritu olímpico que la madre de Paula le transmitió. El deporte es una competición honesta, donde las trampas están mal vistas. Se compite para ganar, pero sobre todo para superarse. Y lo más importante, el deporte es para divertirse. Piensa en tus partidos del recreo. Si terminas con un enfado y no te diviertes, el deporte deja de tener sentido.

- El deporte separa a las personas por sexo. Las competiciones de los adultos están divididas en masculinas y femeninas. Y eso a ella no le gusta nada. Afortunadamente, en el club de la W juegan juntos chicos y chicas. Y es mucho mejor. Paula siempre defiende que hay que tener un criterio propio y ser capaz de reconocer las cosas que están mal. Así podrá contribuir a cambiarlas... La discriminación en el deporte es una de ellas.

En este tema, Paula explica lo que necesitas conocer para practicar dos de sus deportes favoritos: baloncesto y atletismo...

¿Te unes a su equipo?

Paula es deportista

Baloncesto en el cole

El **baloncesto** es un deporte de equipo en el que dos conjuntos de cinco jugadores cada uno intentan anotar puntos, también llamados canastas, introduciendo un balón en un aro colocado a 3,05 metros del que cuelga una red.

Paula juega a un deporte muy similar al baloncesto: el **minibasket**. Con respecto al baloncesto, su tamaño es más reducido (pista, canasta y balón) y las reglas más simples.

Casi todos los colegios tienen pista y canastas de minibasket. Su forma es rectangular y sus dimensiones pueden variar, con una superficie máxima de 25,60 x 15 metros, y una superficie mínima de 20 x 12 metros. Los balones también son un poco más pequeños que los empleados en baloncesto. También se encoge la canasta, cuyo aro se sitúa a 2,60 metros del suelo.

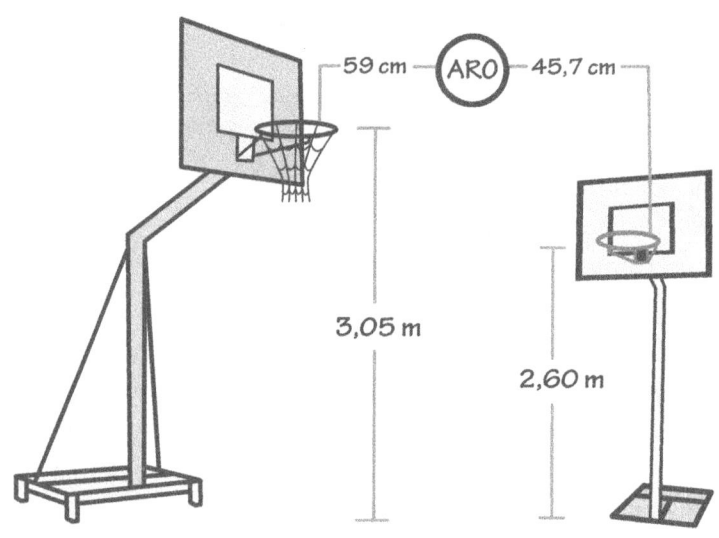

Paula es deportista

Tema 6

Paula le propone al Club de la W un partido de minibasket, pero antes de jugar es necesario aprender las reglas fundamentales de este deporte:

Empezar el partido. En el círculo central, el árbitro lanza el balón hacia arriba y una persona de cada equipo salta para intentar ganarlo.

Anotar. Los puntos se consiguen introduciendo el balón en la canasta. Cada vez que se enceste se sumarán dos puntos, excepto si se ha lanzado un tiro libre después de recibir una falta. En este caso la canasta vale un punto.

Tiros libres. La persona que lanza debe hacerlo antes de cinco segundos. Delante solo tendrá a 2 miembros de su equipo (atacantes) y dos del rival (defensas), colocados en la línea lateral de la zona de tiro libre.

El balón. Se juega con las manos y se avanza botando el balón. No está permitido: correr con el balón, golpearlo con el pie o botarlo con las dos manos al mismo tiempo.

Infracciones. Son acciones no permitidas en el juego. Si se realizan y el árbitro las ve, se impondrá una sanción al equipo que la comete. Las infracciones más habituales son:

Falta personal.
Se realiza cuando hay contacto físico con una persona del otro equipo con el fin de agarrarla, bloquear su carrera, empujarla o golpearla.

→ Si la falta se comete sobre un jugador que no está en posición de tiro, se sacará de banda. Pero si la falta es sobre alguien que ha iniciado la acción de lanzar a canasta, se le concederán dos tiros libres. La realización de cinco faltas en un partido supondrá la expulsión de quien las haga.

Campo atrás.
Cuando el equipo está atacando y sobrepasa la mitad del campo, no puede volver ni pasar el balón hacia atrás.

→ Si se realiza "campo a atrás", se perderá la posesión del balón en favor del otro equipo.

Fuera.
Se produce cuando el balón sale de las líneas que delimitan la pista. También cuando quien tiene el balón pisa la línea o tiene fuera un pie.

→ Se pierde la posesión del balón. El equipo contrario sacará de banda desde el lugar por el que salió el balón o el pie.

Dobles.
Se produce cuando después de botar la pelota, se coge y se vuelve a botar; cuando un jugador salta con la pelota y no la suelta; o bien cuando realiza más de un bote con las dos manos.

→ La posesión del balón pasa al equipo contrario, quien lo pondrá en juego mediante un saque de banda.

Pasos.
Es cuando se camina o corre sin botar el balón. No está permitido botar el balón con las dos manos, acompañar el balón hacia arriba con la mano o dar más de dos pasos sin botar el balón.

→ El balón pasa a ser del equipo contrario, que lo pondrá en juego mediante un saque de banda.

 Paula es deportista

El baloncesto se inventó en el invierno de 1891.

En Sprinfield (Estados Unidos) hacía demasiado frío para practicar fútbol o béisbol. Por eso, el profesor de Educación física, James Naismith, ideó un juego de equipo que sus alumnos pudieran realizar en el interior del gimnasio. Dos cestas de melocotones clavadas en cada extremo de la pista, a 3,05 metros del suelo, sirvieron para que despegara uno de los deportes más jugados del mundo en la actualidad. De ahí surgió el nombre de basketball (cesta-pelota), que define perfectamente el juego: introducir la pelota en una cesta.

Después de estudiar las normas de otros deportes, Naismith escribió el reglamento del baloncesto, que enseguida probó con sus alumnos. Lo que pasó a la historia como el primer partido de baloncesto, que tuvo lugar el 20 de enero de 1892, entre dos equipos de nueve jugadores cada uno.

Las chicas empezaron a jugar un año más tarde, cuando la profesora Sendra Berenson llevó el juego al colegio femenino de la ciudad vecina de Northampton.

El baloncesto se extendió rápido por todo el continente americano.

Sin embargo fueron los soldados estadounidenses, en la I Guerra Mundial, jugando en sus ratos libres, los que difundieron este deporte por todo el mundo. El deporte de la canasta ya fue olímpico en los Juegos de Berlín (1936).

James Naismith

Paula es deportista

Atletismo en el cole

El atletismo es un deporte que contiene muchas pruebas diferentes. La mayoría se practican de forma individual, aunque también hay algunas que requiere la colaboración de un equipo. En el siguiente esquema se recogen todas:

ATLETISMO — **DISCIPLINAS**:

- **MARCHA ATLÉTICA**
  - 10 KM
  - 20 KM
  - 50 KM
- **CARRERAS**
  - VELOCIDAD
    - 100 m.l.
    - 200 m.l.
    - 400 m.l.
    - 4x100 m.l.
    - 4x400 m.l.
  - MEDIO FONDO
    - 800 m.l.
    - 1.500 m.l.
    - 5.000 m.l.
  - FONDO
    - 10.000 m.l.
    - MARATÓN
  - VALLAS
    - 100 m.v.
    - 110 m.v.
    - 400 m.v.
  - OBSTÁCULOS
    - 3.000 m.o.
- **SALTOS**
  - LONGITUD
  - TRIPLE SALTO
  - ALTURA
  - CON PÉRTIGA
- **LANZAMIENTOS**
  - PESO
  - DISCO
  - JABALINA
  - MARTILLO
- **COMBINADAS**
  - HEPTALÓN
  - DECATLÓN

 Tema 6 — Paula es deportista

Los encuentros de atletismo al aire libre se celebran generalmente en un estadio en cuyo espacio central se encuentra una pista de color. La longitud de la pista es de 400 metros (en su parte interior, llamada cuerda), tiene forma ovalada, con dos rectas y dos curvas. La mayoría de los lanzamientos y saltos (denominadas pruebas de campo) tienen lugar en la zona comprendida en el interior del óvalo. Hay disciplinas especiales, como el decathlón (exclusivamente masculina), que consiste en cinco pruebas de pista y cinco de campo, y el heptatlón (solo femenina), que tiene cuatro pruebas de campo y tres carreras.

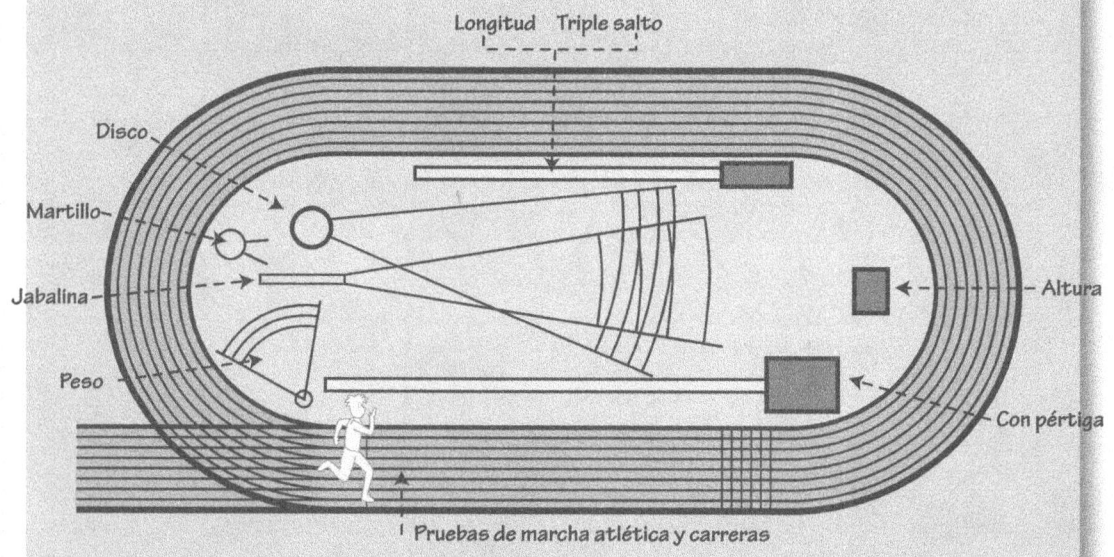

Los colegios no cuentan con pista de atletismo, pero eso no significa que no se pueda practicar. Con algunos cambios, puedes realizar este deporte en cualquier pista polideportiva.

Sigue los consejos de Paula para practicar las siguientes pruebas de atletismo adaptado.

Paula es deportista

Carrera de velocidad

Es una de las pruebas más practicadas. En el colegio puedes realizar esta carrera aprovechando las líneas de fondo de la pista, es decir, desde una portería a otra.

Este tipo de carrera se inicia con la llamada "salida de tacos". Se realiza con una estructura fijada al suelo que sirve para que los atletas apoyen los pies, logrando un buen impulso en la salida.

La estructura de metal no es imprescindible. Otra persona puede hacer su función.

Los consejos de Paula

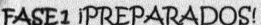

FASE 1 ¡PREPARADOS!

- Coloca las manos en el límite de la línea de salida.

- La rodilla de la pierna atrasada en contacto con el suelo.

- La mirada hacia abajo, controlando los nervios.

FASE 2 ¡LISTOS!

- La rodilla retrasada abandona el suelo para tomar impulso.

- Se eleva la cadera y se adelantan los hombros.

- La mirada se dirige al frente.

FASE 3 ¡YA!

- La rodilla retrasada abandona el suelo para tomar impulso.

- Se eleva la cadera y se adelantan los hombros.

- La mirada se dirige al frente.

Paula es deportista

Carrera de vallas

Esta carrera es igual que la anterior, pero en su recorrido se añaden vallas que los participantes tienen que saltar. Estos obstáculos tratan de reducir la velocidad de carrera del atleta, por lo que es muy importante aprender a sobrepasarlos perdiendo el menor tiempo posible.

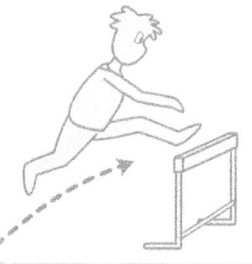

Los consejos de Paula

FASE 1 ATAQUE	FASE 2 VUELO	FASE 3 CAIDA
La pierna de ataque es la que se adelanta para saltar la valla. Tienes que evitar acercarte demasiado a la valla para saltarla. Se trata de saltar hacia adelante, no hacia arriba.	Mientras saltas tienes que pasar la pierna atrasada sin golpear la valla. Recógela elevando horizontalmente la rodilla.	Cuando caes tienes que continuar la carrera. Así que apoya el pie cuanto antes y continua la zancada. Considera el salto de la valla como: "una zancada más grande".

¿Sabías Qué...?

Una de las pruebas atléticas más espectaculares es la Carrera de Maratón, una carrera de resistencia, cuya distancia es algo superior a 42 kilómetros. Su origen se remonta a la antigua Grecia (año 490 a. C.). Cuenta la leyenda que la ciudad griega de Atenas estaba amenazada por el avance del temible ejército persa conocido por su crueldad con el pueblo vencido: secuestraban a los niños y torturaban a las mujeres hasta la muerte. Para evitar este sufrimiento, los griegos decidieron que si las mujeres de Atenas no recibían la noticia de la victoria griega antes de 24 horas, con la puesta de Sol, serían ellas mismas las que matarían a sus hijos y se suicidarían.

La batalla tuvo lugar en la llanura de Maratón. El ejército de Atenas venció, pero la lucha se prolongó durante más tiempo de lo previsto, por lo que el general ateniense decidió enviar a su soldado más veloz a la ciudad para anunciar la victoria y evitar la tragedia.

Filípides, trás haber estado combatiendo un día entero, tuvo que recorrer una distancia de 42 kilómetros, desde la ciudad de Maratón hasta Atenas. Al llegar solo pudo pronunciar una palabra: Nenikékamen (Hemos vencido). Después murió. Pero su hazaña permitió salvar la vida de todas las mujeres y niños de Atenas.

En honor al soldado Filípides se creó una competición con el nombre de "Maratón", que fue incluida en los juegos de 1896 de Atenas.

Paula es deportista

Carrera de relevos

La distancia de este tipo de carrera se divide en varias partes (cuatro o más), llamadas "tramos". Y cada una la corre un atleta. La carrera la inicia el primer miembro del equipo, que debe llegar al final de su tramo. En la "zona de relevo" le esperará el segundo componente del equipo, al que habrá que pasar un tubo rígido llamado "testigo". Esta operación se repite tantas veces como tramos tenga la carrera, hasta que el último atleta pase la meta con el testigo en la mano. Lo más importante en este tipo de carrera es perder el menor tiempo posible en el cambio del testigo.

Los consejos de Paula

FASE 1 MIRA ATRÁS

Debes esperar en la "zona de entrega", mirando la carrera en posición de salida alta (un pie adelantado, las rodillas un poco flexionadas y el cuerpo ligeramente inclinado).

FASE 2 INICIA LA CARRERA

Cuando la persona que lleva el testigo se aproxima debes iniciar la carrera, a un ritmo más lento y mirando hacia adelante.

FASE 3 RECOGE EL TESTIGO

Estira el brazo hacia atrás y coloca la palma de tu mano abierta hacia el suelo, con los dedos juntos y separando el pulgar. El testigo vendrá de abajo arriba. Cierra la mano cuando lo sientas y corre.

 Paula es deportista

Lanzamiento de peso

La forma de lanzar un objeto cambia según cual sea el objeto lanzado. No lanzas igual una piedra pequeña que un tronco grande. El lanzamiento sobre suelo duro debe realizarse con un objeto que no lo dañe, por lo tanto no sirven los que se emplean en atletismo (martillo, peso, disco o jabalina). Lo ideal es utilizar un balón de baloncesto o un balón medicinal.

  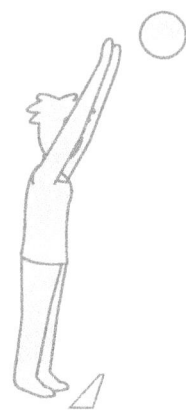

Los consejos de Paula

FASE 1 COLOCACIÓN	FASE 2 IMPULSO	FASE 3 LANZAMIENTO
Sitúate detrás de la línea marcada, con los pies separados una distancia equivalente a la anchura de tus hombros.	Coloca el balón por detrás de tu cabeza. Flexiona las piernas y el tronco para tomar impulso.	Lanza estirando todo el cuerpo hacia adelante, sin despegar la punta de los pies del suelo.

 BUSCA A PAULA EN INTERNET

Puedes construir tu propia jabalina para probar un nuevo tipo de lanzamiento.

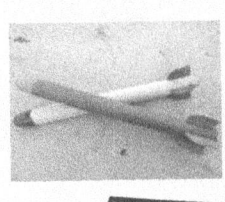

Puedes ver el proceso en:

www.hoyjugamosenclase.com

Paula es deportista

Salto de longitud

Este salto se realiza hacia adelante, después de una carrera rápida, con el fin de volar lo más lejos posible. En el estadio de atletismo, el salto de longitud se realiza sobre un foso con arena, que ayuda a amortiguar el aterrizaje. En el colegio puede saltarse sobre una colchoneta, que realizará la misma función que el foso de arena.

 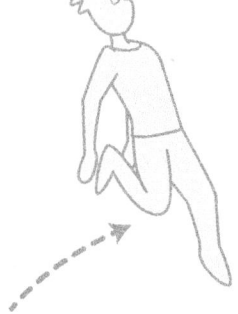 

Los consejos de Paula

FASE 1 CARRERA	FASE 2 SALTO	FASE 3 CAIDA
La carrera empieza de forma progresiva. En el momento de tomar impulso para saltar, la velocidad de carrera debe ser máxima. Así llegarás más lejos.	La última zancada de la carrera será para tomar impulso. En el salto se utilizarán los brazos para equilibrar el vuelo.	Durante el vuelo debes inclinar el tronco y extender las dos piernas hacia adelante. En el aterrizaje intenta evitar que el glúteo contacte con la colchoneta.

Tema 6 — Paula es deportista

¡Ponte a prueba!

Investigar

Elige la prueba de atletismo que más te guste. Copia el siguiente informe en tu cuaderno y busca los datos que necesitas para completarlo.

```
-Prueba elegida:
-Descripción de la prueba:
-Reglamento básico:
-Atletas españoles destacados:
-Atletas que hayan ganado una medalla
 de oro en los Juegos Olímpicos
    categoría femenina:
    categoría masculina:
-Lugar de tu ciudad en el que podrías practicar esta prueba:
```

Aplicar

Copia la tabla en tu cuaderno y anota las marcas que has conseguido en cada una de las pruebas practicadas en clase de Educación física.

Haz tu propia valoración y selecciona la prueba que se te da mejor.

	Fase 1	Fase 2	Fase 3	Resultado
Carrera de velocidad				
Carrera de vallas				
Carrera de relevos				
Lanzamiento de peso				
Salto de longitud				

Crear

Dibuja un cómic que ilustre la leyenda de Filípides.

Tema 7 — TATI VA DE SENDERISMO

Tati creció en un pueblo del interior. Cuando tenía siete años toda su familia tuvo que trasladarse a la ciudad. A pesar de que cuenta con buenos amigos y amigas echa de menos su pueblo y aprovecha las reuniones del **Club de la W** para compartir sus conocimientos sobre ecología y describir las maravillas naturales que ha dejado atrás, muy a su pesar.

El pueblo de Tati está situado en un paraje natural, junto a un pantano con gran variedad de flora y arboledas, un lugar ideal para conectar con la naturaleza donde si prestas atención puedes divisar aves rapaces, como el Águila Perdicera, el Halcón Peregrino, el Búho Real, y rastrear y observar a los asustadizos jabalíes o a las juguetonas ardillas.

Otro de los encantos del lugar son las interesantes formaciones geológicas, que dan lugar a cuevas de las que se cuentan mil y una historias, algunas, convertidas ya en leyendas. El relato preferido de Tati es una historia real, la de las personas que se vieron obligadas a dejar su pueblo para que el pantano pudiera construirse. En tiempos de sequía, el campanario de la antigua iglesia emerge sobre las aguas, y su abuelo dice que cuando el viento sopla con fuerza se puede escuchar el triste lamento del edificio inundado. Pero ella no lo ha escuchado, aún...

Junto al pantano existe una zona recreativa y deportiva donde se pueden practicar multitud de actividades: senderismo, bicicleta, escalada... Y en el pantano se pueden alquilar los kayak para navegar.

Tati es una defensora de la naturaleza, y quiere concienciar a los demás de la importancia de respetar y cuidar nuestro entorno natural. La práctica masiva de deportes en la naturaleza puede tener consecuencias negativas para el medio ambiente, como la pérdida de vegetación o la destrucción del hábitat de muchos animales.

¿Te animas a practicar algunas de las actividades en la naturaleza de forma respetuosa?

Sigue a Tati en este tema y descubrirás cómo...

"Entiende la Naturaleza como un préstamo que debemos devolver agradecidos" (Séneca)

 **Tema 7** — Tati va de senderismo

 Lugares para conservar

Los **espacios naturales** son aquellos que apenas han sido transformados por la actividad humana. Son lugares ideales para practicar algunos deportes y ejercicios, pero es necesario hacerlo de forma respetuosa, ya que también son el hábitat de muchos seres vivos.

Algunos espacios naturales tienen un valor especial por las características de su fauna, su vegetación o su relieve.

Para poder conservar estos lugares, las autoridades los declaran "espacios protegidos".

Sólo el 9 % de la superficie de España está protegida. El mayor espacio protegido de nuestro país es el Parque Natural de la Sierra de Cazorla, Segura y Las Villas en la provincia de Jaén, donde nace el río Guadalquivir.

Canarias es la comunidad autónoma con más área protegida, tiene bajo esta consideración el 42% de su territorio. Le sigue Cataluña, con 21,51%; y Andalucía, con 18,92%.

En tus excursiones a entornos naturales puedes participar activamente en su conservación siguiendo un sabio consejo que te da Tati: "tienes que evitar dejar rastro de tu paso. Y, en la medida de lo posible, contribuir a eliminar el rastro que hayan dejado otras personas".

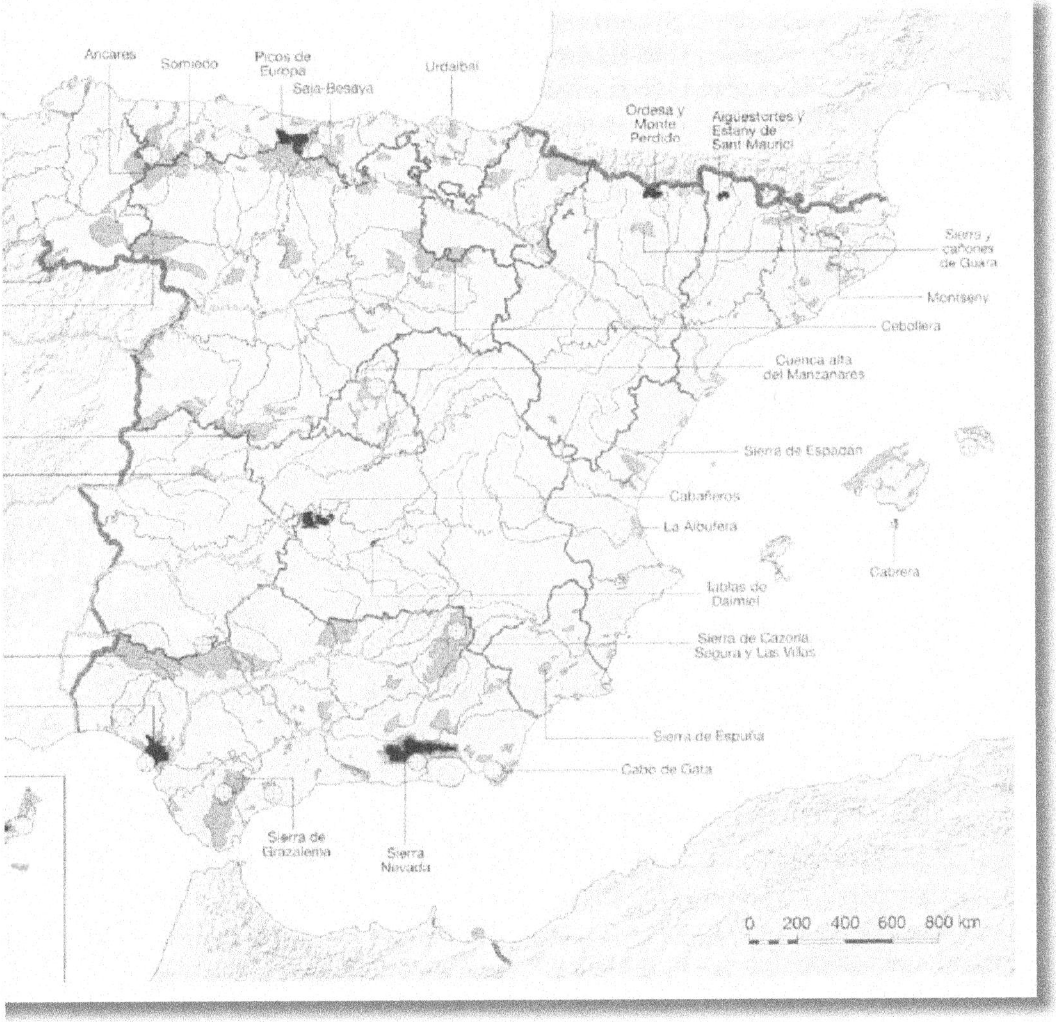

Tati va de senderismo

No dejas rastro si...

- No tiras al suelo tus plásticos, latas o papeles.
- No arrancas flores.
- No te llevas piedras, hojas o frutos.
- Guardas silencio (así podrás ver animales).

Contribuyes a eliminar el rastro de otros si...

- Recoges basura que encuentres a tu paso.
- Ayudas a difundir las normas de respeto al medio.

 **Tema 7** — Tati va de senderismo

 Actividades físicas en espacios naturales

Las **actividades físicas organizadas en la naturaleza** son el conjunto de juegos, ejercicios y deportes que se practican gracias a los recursos que ofrece la naturaleza de un lugar. La acción humana sobre las condiciones del entorno solo se produce con el fin de aumentar la seguridad de los participantes.

Las actividades en espacios naturales tienen un carácter motivador basado en el placer por la aventura, la exploración y el descubrimiento del medio. Por eso atraen cada vez a más personas.

Algunas de las actividades más realizadas son:

- **Acampada.** Es establecerse en el medio natural con el fin de pasar una o varias noches. Puede realizarse en una tienda de campaña, en un refugio construido con los elementos que ofrece la naturaleza o directamente sobre el suelo.

- **Senderismo.** Es una actividad deportiva no competitiva, que se realiza marchando sobre caminos balizados, preferentemente tradicionales, ubicados en el medio natural. Permite hacer ejercicio al mismo tiempo que se disfruta de la observación de paisajes naturales.

Tati va de senderismo

- **Actividades de aventura.** Es una nueva forma de entender el deporte, en la que la motivación y las emociones están por encima de cualquier resultado. El objetivo es superarse a sí mismo en las condiciones que ofrezca la naturaleza. Están dentro de este grupo: la escalada (ascender paredes de roca), la espeleología (explorar cuevas) o el barranquismo (descender barrancos).

- **Deportes y juegos al aire libre.** Son actividades con reglas que han nacido o se han adaptado para ser practicadas en la naturaleza. Algunos ejemplos que seguro que conoces son: el voley-playa, la carrera de orientación o el surf.

 Tati va de senderismo

¿Sabías Qué...?

Los nudos son necesarios en muchas de las actividades anteriores. Puedes necesitarlos para construir un refugio, para escalar o para explorar una cueva. La **cabuyería** es la técnica de hacer distintos tipos de nudos y aplicarlos en situaciones diversas.

Cuenta una leyenda que su origen se remonta a Og, el Hijo del Fuego, quien ató el primer nudo simple. Tras este primer nudo, apareció el Nudo en Ocho y el Rizo. Lo cierto es que los egipcios se hicieron expertos en atar nudos para sus barcos, que surcaban el Nilo. A partir de aquí numerosas civilizaciones, como la griega o la romana, fueron perfeccionando distintos tipos de nudos y dándole diferentes aplicaciones.

En el siglo XX, los Scouts retomaron la práctica de hacer nudos.

Tati te enseña cómo hacer los nudos más útiles...

Nudo de ocho

Sencillo y muy seguro, ya que no se deshace fácilmente. Se emplea para rematar provisionalmente la punta de una cuerda evitando que ésta se deshaga, también como nudo de tope, por ejemplo para hacer una escalera.

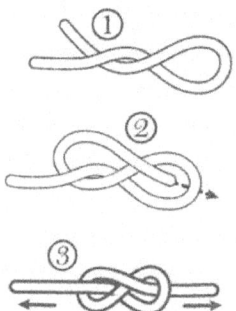

Nudo de cinta

Se emplea para unir dos cuerdas distintas. Resulta de gran ayuda para conseguir una cuerda de mayor longitud.

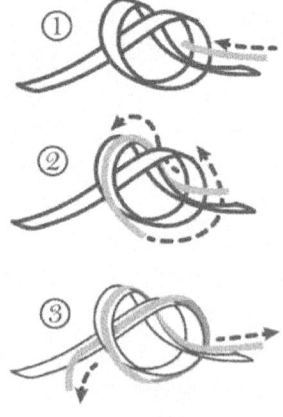

Nudo de pescador

Es uno de los nudos más conocidos de la escalada y la artes de pesca. Se emplea para unir dos cuerdas de igual grosor y pequeño diámetro. Se trata de un nudo seguro y resistente.

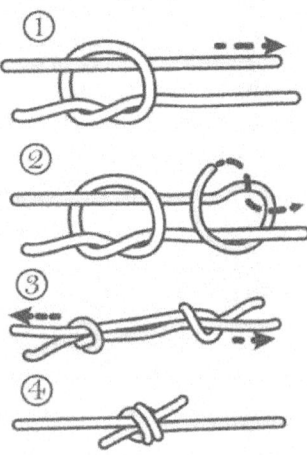

Tati va de senderismo

 La excursión de senderismo

Hoy es un día especial, el Club de la W ha decidido hacer una ruta por uno de los senderos que parten del pueblo de Tati. Ella se encarga de realizar todos los preparativos y de guiar al grupo, ya que tiene experiencia como senderista y conoce bien el terreno. Para que todo salga bien, Tati ha puesto especial cuidado en:

La elección del sendero. No todas las rutas son iguales, tienen diferentes niveles de dificultad. Así que es importante escoger una que se ajuste a la experiencia de las personas que la van a realizar. Además hay que tener en cuenta la climatología, que puede hacer que el sendero se complique.

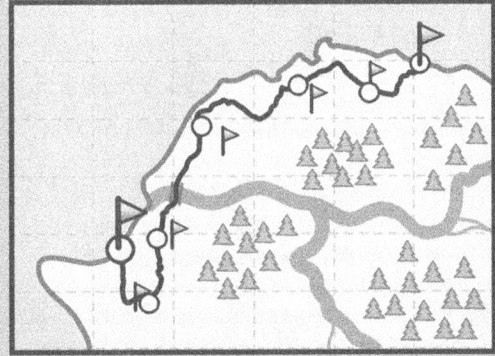

La elección del material. Hay que llevar el material necesario, ni más ni menos. Además de justo tiene que ser adecuado para las condiciones que presenta el sendero. Lo imprescindible es:

- Botas de montaña: fuertes, adecuadas para el terreno. Nunca estrenar calzado para la actividad, así evitaremos la rozaduras. Si se tienen botas de montaña mucho mejor.

- Mochila de tamaño medio o pequeño, donde meter la comida del día, agua, etc., preferible con la espalda acolchada. Nunca llevar bolsas de mano o de correa para un solo hombro.

- Botella de plástico o cantimplora con agua, que habrá que llevar siempre llena de casa para hidratarnos durante el recorrido.

- Chubasquero impermeable para evitar mojarnos en cualquier época del año.

- Gorra y crema solar.

Tati va de senderismo

La preparación de la mochila. Otra cuestión importante es cómo llevar el material. La mochila es un complemento imprescindible, y cuanto mejor sea su organización mayor será su utilidad. Sigue estos consejos para que tu mochila sea un buen recurso.

- Mete las cosas en bolsas de plástico para evitar que se mojen si llueve.
- Coloca en el fondo cosas blandas que no se claven, o lo que previsiblemente no vayas a usar, como la ropa de repuesto.
- No lleves cosas colgando de la mochila. Molestan y acaban cansando.
- Es bueno llevar los complementos justos, tales como gafas de sol, tiritas y alguna bolsa de plástico.
- Reduce el peso innecesario (un libro, el Ipad, etc.) y lleva ropa de repuesto, como: calcetines, playeras y camiseta, especialmente en época de lluvia.
- Lleva una pequeña bolsa para traer toda la basura que hayas generado, incluso las mondas de fruta y otros residuos biodegradables.

Tu preparación personal. Tú también tienes que prepararte. Estudia el sendero, su fauna y flora, los manantiales de agua, los posibles peligros... Así evitarás accidentes y sacarás más partido a la visita. Pero sobretodo debes preparar tu organismo, asegurándote que está perfectamente alimentado e hidratado. Para ello aplica estos consejos:

- A la hora de comer, no te hinches. Reanudar la marcha te será muy costoso. Aprovecha las paradas para tomar alimento y beber.
- Deja las chucherías en casa, con el ejercicio que vas a hacer, es mejor unos buenos bocadillos y fruta.
- Evita el peso innecesario de la comida en latas o frascos que tendrás que cargar aún después de vacíos.
- Unos caramelos pueden ser un complemento suficiente para combatir un repentino bajón de azúcar.
- Si necesitas beber, mantén un rato el agua en la boca y bebe en pequeños tragos. De lo contrario puede darte un buen dolor de barriga.

Tati va de senderismo

 La orientación en la naturaleza: supervivencia y deporte

La **orientación** nos permite saber donde estamos en cada momento. Orientarse en el medio es situarse en relación a los puntos cardinales.

Pero, ¿qué son los puntos cardinales? Son puntos de referencia. Si observamos en el globo terráqueo el movimiento de rotación, veremos que se produce alrededor de un eje imaginario, que atraviesa la Tierra por los polos. La parte superior de este eje se llama Norte y la inferior Sur. En relación a estos puntos cardinales a la derecha encontramos el Este, por donde sale el sol, y a la izquierda el Oeste, por donde se oculta el sol.

De este modo, la pregunta que nos planteamos es:

¿cómo podemos localizar el Norte para empezar a orientarnos?

Lo más adecuado es utilizar la brújula y el plano.

- La **brújula** es un mecanismo compuesto por una aguja imantada, que tiene uno de sus extremos pintado para indicar el Norte magnético.

- El **plano** es una representación sobre un papel de una determinada zona de terreno: una habitación, el gimnasio, el centro, un parque, tu pueblo, etc., realizado a escala (tratando de mantener las proporciones reales). La escala es la relación entre las distancias dibujadas en el plano y las distancias reales.

Estos objetos son imprescindibles para participar en las carreras de orientación, que consisten en realizar un recorrido lo más rápido posible pasando por unos puntos señalados en el plano, ayudándose de éste y de la brújula. Cada punto de paso se llama posta. En ella, el corredor o corredora encontrará una señal o baliza con la que podrá marcar su hoja de control de carrera, que es la garantía de que ha pasado por todos los lugares indicados.

 Tati va de senderismo

Sin embargo, si vas a practicar este deporte puede que no tengas a tu alcance una brújula y un plano. En estos casos, también es posible orientarse con ayuda de elementos naturales. Tati ha realizado algunos experimentos que te propone...

Experimento 1.

"Usando el sol".

Como sabemos, el sol sale por el Este y se pone por el Oeste.

Nos colocamos en cruz y nuestro brazo derecho debe señalar hacia el este por donde sale el sol. Por lo tanto, frente a nosotros tendremos el Norte, detrás tendremos el sur y a nuestra izquierda el Oeste.

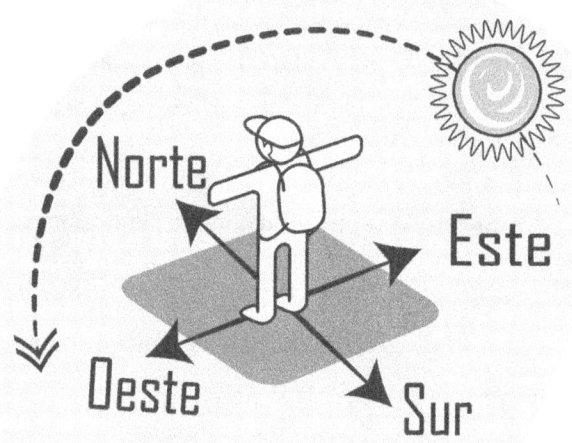

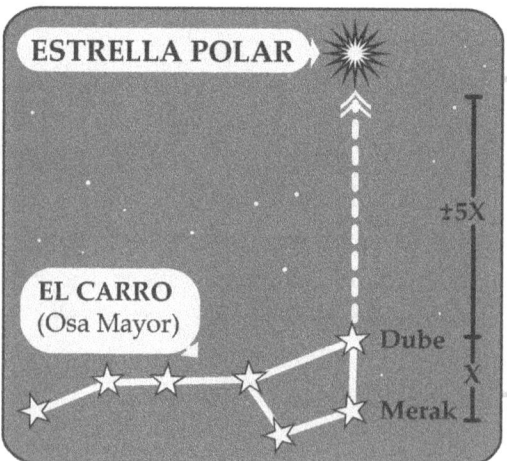

Experimento 2.

"En busca de la Estrella Polar".

Podemos orientarnos por la noche si se ven las estrellas.

Basta con encontrar la Estrella Polar.

Si nos colocamos mirando hacia ella, estaremos mirando el Norte.

Tati va de senderismo

Experimento 3.

"La Luna te guía".

Si vemos la Luna en el cielo y está en cuarto creciente, sus puntas apuntarán al Este.
Si la Luna está en cuarto menguante, sus puntas señalaran el Oeste.

Experimento 4.

"El palo solar".

Vamos a usar la sombra de un palo.
Esperamos que el sol esté en lo alto.
Clavamos un palo en el suelo y señalamos el extremo de su sombra.
Esperamos media hora y repetimos la operación.
El primer punto señala el Oeste, y el segundo, el Este.

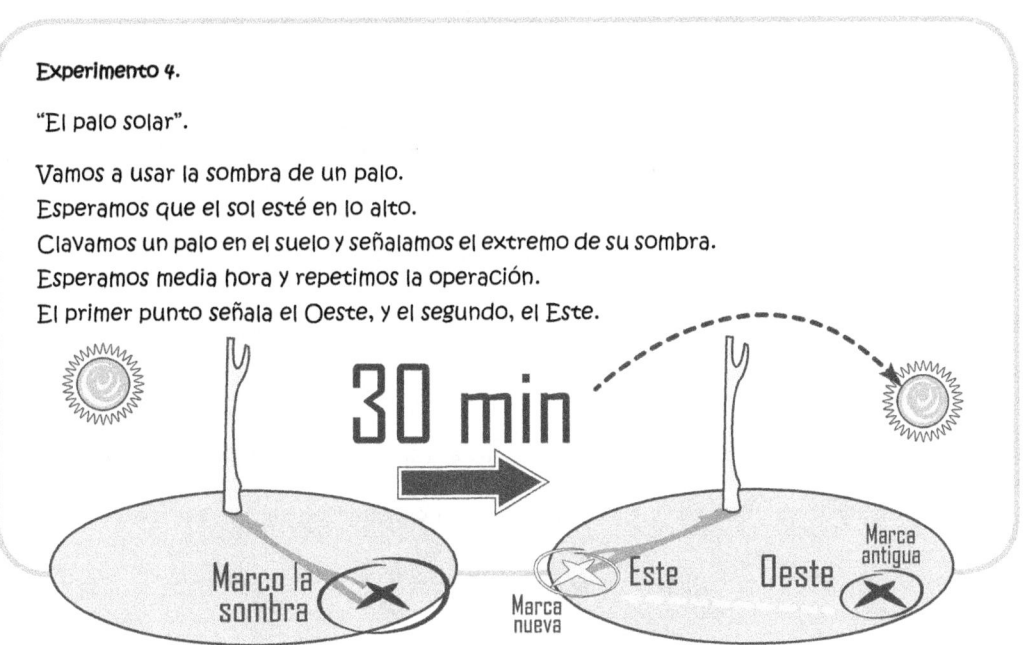

 Tema 7

Tati va de senderismo

 ¡Ponte a prueba!

Aplicar

Utiliza una cuerda para practicar los siguientes nudos. Habrás aprendido a hacerlos cuando no necesites consultar los dibujos explicativos que puedes hallar en este tema.

(Nudo de ocho)   (Nudo de cinta)   (Nudo de pescador)

Crear

Uno de los elementos imprescindibles de la carrera de orientación es el plano, que es una representación gráfica de un lugar visto desde arriba.

En esta actividad tienes que dibujar un plano del patio de tu colegio.

Para ello imagina que estás subido en un helicóptero y puedes hacer el dibujo desde esa posición.

Investigar

-Busca información sobre los entornos naturales cercanos a tu lugar de residencia.

-Investiga qué tipo de actividades físicas podrías realizar en esos lugares.

-Recoge toda la información en tu cuaderno de Educación Física.

Tema 8 — QUIQUE LLEVA EL RITMO DENTRO

Si ves a Quique por la calle y lo llamas, posiblemente no te escuche... Siempre lleva el Ipod conectado.

Le encanta todo tipo de música, aunque últimamente lo que más escucha es hip-hop. Algún día le gustaría crear su propia música. Seguramente por eso está aprendiendo tanto sobre ella. Ya compone algunos ritmos con ayuda de su portátil y del software libre que tiene instalado.

La gente del club se ríe mucho porque cuando quedan se encuentran a Quique bailando sin que se escuche música. Sus amigos dicen que es un "bailongo". Las coreografías van unidas a la música. Una y otra se complementan. También es necesario acompañar el movimiento con gestos que ayuden a que el público capte el mensaje que transmiten los artistas.

Esto es lo que Quique está tratando de hacer ver al **Club de la W**.

Hoy el protagonismo es suyo, se encarga de coordinar al club en la creación de una coreografía para la fiesta de final de curso.

En este tema te proponemos que acompañes a Quique en sus explicaciones al **Club de la W**.

Descubrirás un mundo lleno de movimiento y expresión en tu interior que está deseando salir...

 Tema 8 — Quique lleva el ritmo dentro

 Un cuerpo se expresa

La **expresión corporal** es la utilización del cuerpo y su movimiento para transmitir mensajes, estados de ánimo... Se trata de una forma de comunicación que se utiliza desde la Prehistoria, pero a medida que la cultura ha avanzado se han creado diferentes formas de aplicarla, como son: **el teatro, el mimo** o **la danza**.

Los elementos más importantes de la expresión corporal son:

el cuerpo
el espacio
el tiempo
la energía

En relación al cuerpo nos podemos hacer varias preguntas...

¿Cómo está mi cuerpo?

Para responder habrá que observar su colocación o postura. También será importante el estado de tensión o relajación de los músculos, es decir, la tonificación. Ambos aspectos variarán en función de la actividad, aunque siempre deben estar bajo el control del artista (emisor), bajo tu control...

¿Cómo ve el público mi cuerpo?

El público (o receptor) recibirá el mensaje que transmitimos viendo las acciones que realizamos. Por ello no hay que distraer su atención con acciones fruto de los nervios que no están relacionadas con el mensaje. Para evitar esto será importante respirar de forma natural.

¿Cómo son mis movimientos?

Nuestros movimientos son el medio esencial para comunicar. Es por esto por lo que hay que enriquecerlos con mensajes, convirtiéndolo en un movimiento expresivo.

Quique lleva el ritmo dentro

El **movimiento expresivo** puede haber sido diseñado previamente o creado por el propio artista. En el primer caso, el movimiento tiene unas características concretas (llamadas técnica) que debemos aprender.

El espacio en el que se realiza la expresión corporal forma parte del contexto de comunicación y va a contribuir a darle (o quitarle) credibilidad, realismo, intensidad, etc.

En el teatro llaman al espacio escenario, que sería todo el espacio disponible. Dentro de éste se encuentra el espacio ocupado, que se usará para expresión corporal, ocupándolo con objetos o con el cuerpo en diferentes momentos. El espacio ocupado solo por el cuerpo es la Kinesfera.

Según cómo se use cada parte del espacio se transmitirá un mensaje u otro. Por ejemplo, si un actor o actriz se ubica en un extremo del escenario transmitirá soledad, pero si es una agrupación parecerá que cuentan un secreto o planean algo que no deben conocer los demás personajes.

El tiempo en el que transcurre el movimiento también debe ser tenido en cuenta, adecuando nuestras acciones a él. Es posible que el tiempo lo marque un ritmo musical, como sucede en las danzas.

La energía que se emplee en un movimiento será fundamental en la comunicación. Su uso deberá tener en consideración el tipo de mensaje que se expresa. Por ejemplo, si queremos transmitir cansancio o fragilidad los movimientos serán suaves y controlados... Si, por el contrario, se quiere mostrar enfado habrá que recurrir a movimientos fuertes, rápidos e incontrolados.

Quique lleva el ritmo dentro

La ceremonia de inauguración de los Juegos Olímpicos de Barcelona 92 se basó en un montaje de expresión corporal. El grupo teatral "La Fura dels Baus" hizo una recreación extraordinaria de la leyenda de Hércules, representada en imágenes sorprendentes creadas bajo el simbolismo de la forma, el color, el movimiento y el sonido; alcanzando una plasticidad de gran calidad artística.

La leyenda de Hércules es la de la aventura humana. Bajo la protección del sol, que es fuente de vida, Hércules emprende un viaje para conocer los límites del mundo: es la primera carrera olímpica que comienza en Oriente en dirección a Occidente. Vencedor de la competición, el héroe rompe la columna que simboliza el límite del mundo donde ha finalizado su viaje. Con esta gesta fija los límites entre el cielo y la tierra, entre el bien y el mal, entre la vida y la muerte.

En este punto Hércules es coronado con ramas de olivo que simbolizan el triunfo de la paz, la inmortalidad, la lucha y la civilización. Detrás de Hércules comienza a brotar una fuente que da origen al mar Mediterráneo, el mar olímpico, el mar que dará entrada a la civilización.

Los humanos, protegidos por el espíritu de Hércules, comienzan su aventura adentrándose en el mar. Van en una nave y sus armas son la inteligencia, el valor y la cultura.

Les amenazan los más terribles peligros: los monstruos del hambre, la enfermedad y la guerra.

Después de una fuerte lucha las personas vencen a las fuerzas del mal, repitiendo la gesta de Hércules. Nace el arco iris, el cual, guiando la nave hasta tierra consagra el triunfo de la civilización. Los hombres y mujeres celebran su victoria fundando una ciudad.

La leyenda nos cuenta que esta ciudad es **Barcelona**.

Quique lleva el ritmo dentro

Aplicando la expresión corporal: la dramatización

La **dramatización** es una forma de expresión corporal. Puedes verla en el teatro o el mimo. Se trata de la puesta en acción, la interpretación escénica de un hecho o una historia por parte de unos actores. En este proceso los sujetos adoptan el papel de un personaje y hablan en primera persona...

Además de los elementos propios de la expresión corporal, hay otros que también tienes que considerar. Quique te explica los más importantes.

La **expresión oral** es lo que decimos. Es necesario que el mensaje sea captado por el público. Para ello, habrá que vocalizar bien las palabras y emplear un volumen más alto del que se usa en las conversaciones normales.

Además, la expresión oral deberá contribuir a dotar de expresividad a la representación teatral. En este sentido, debe usarse una entonación adecuada al mensaje, que lo haga creíble y que suponga una vinculación entre el personaje y el actor. Esto es lo más difícil de lograr...

Pero siguiendo estas pautas seguro que lo consigues:

- No te limites a leer un guión mientras actúas, es importante que lo aprendas.

- Si durante la actuación olvidas algo no trates de recordarlo, improvisa en base a la historia y al papel del personaje en ella. Este es un recurso muy empleado en el teatro...

- Lo ideal es que te olvides de tu vida y te metas en la del personaje ¡Esto implica no sentir vergüenza!

 Quique lleva el ritmo dentro

El **lenguaje corporal**. Muchas veces no es necesario decir nada para comunicar un mensaje. Nuestro cuerpo lo transmite mediante el lenguaje no verbal. Para ello cuenta con dos recursos:

- El gesto es el movimiento del rostro, de las manos o de otras partes del cuerpo con el que se expresa mensajes, sentimientos o estados de ánimo.

- La postura es la situación o el modo en el que está puesta una persona.

Estos dos recursos expresivos se usan habitualmente, casi siempre de forma involuntaria. Quique te propone un sencillo experimento para tomar conciencia de ello. Tienes que colocarte frente a un espejo de cuerpo completo y tratar de asumir que te encuentras en las siguientes circunstancias:

- Enfado, te han puesto demasiados deberes para el fin de semana.

- Alegría porque acabas de marcar un gol.

- Confusión, te has perdido y no conoces la calle en la que te encuentras.

- Miedo porque has escuchado un ruido extraño en mitad de la noche. Y no hay nadie en casa.

Una vez que has comprobado cómo expresas estas emociones mediante gestos y posturas, puedes probar si tu comunicación no verbal es comprendida por otras personas. Para ello, reúne a tus amigos o familiares y repite el ejercicio, ¿qué han entendido? ¿Has transmitido lo que realmente querías?

Otros elementos importantes son la **caracterización** (vestuarios, maquillaje, etc.) y los **elementos de la escena**. Tienen que estar basados en el texto de la obra, que suele indicar cómo debe vestir cada cual y cómo será la escena...

Quique lleva el ritmo dentro

Aplicando la expresión corporal: danzas

Las danzas están unidas al ser humano desde la Prehistoria. En su origen tenían un carácter religioso y todo el pueblo danzaba para celebrar la caza o la cosecha, pedir a los dioses lluvia, etc.

Las danzas tradicionales, populares, o danzas del mundo son bailes colectivos en los que pueden participar muchas personas y que están unidas a las fiestas y las celebraciones. Cada pueblo tiene sus propias danzas, algunas de ellas realmente antiguas.

La mayoría de las danzas que hoy conocemos surgen a partir de los siglos XVII y XVIII. Están presentes en muchos países europeos: la danza de los 7 saltos, danza de la cruz, troika y polka.

En España, cada región tiene sus propias danzas tradicionales: sevillanas, fandangos, jota, sardana, chotis...

Los elementos formales que componen una danza son:

- Música. Va a marcar el ritmo del baile. La música tiene una estructura que va a ser de gran utilidad para la danza.

- Pasos. Son los movimientos de las danzas.

- Enlaces. Son los agarres entre bailarines, pueden ser grupales aunque en la mayoría de las danzas son en parejas.

- Evoluciones. Son los dibujos que los bailarines forman en el espacio. Pueden ser: en filas, círculos, cuadrados, en cruz, etc.

 Quique lleva el ritmo dentro

El Acrosport o Acrogimnasia es un deporte que mezcla coreografías y acrobacias. Se realiza en grupo, obligando a todos los miembros a colaborar con el fin de realizar una coreografía que incluye una o varias figuras humanas, cuya dificultad se incrementará cuanto mayor sea el número de personas que la forman.

Para realizar Acrosport tienes que seguir unas normas de seguridad:

- La superficie tiene que ser blanda, para amortiguar las posibles caídas. Se pueden realizar sobre colchonetas, arena, césped, etc., pero nunca sobre el suelo de losa o cemento.
- La sesión de Acrosport se realiza descalzado. Pon especial cuidado en la higiene de tus pies.
- Es fundamental la comunicación entre las personas que forman la figura humana. En el momento que alguien note cualquier molestia, debe comunicárselo al resto para corregir la situación.
- Todos los movimientos de subida y bajada sobre otras personas han de realizarse de forma suave y a velocidades muy controladas.
- Las ayudas han de ser constantes. Tan importante es saber ejecutar como saber realizar correctamente las ayudas.
- Los apoyos seguros son los que se realizan compartiendo el peso entre varios puntos, y no solo presionando sobre una misma superficie corporal. Evita descansar el peso en la parte media de la espalda y del muslo, podrías hacer daño a tu compañero o compañera.

Puedes encontrar más figuras en www.hoyjugamosenclase.com

Quique lleva el ritmo dentro

 ¡Ponte a prueba!

Aplicar

Esta actividad se realizará por grupos. Tienes que elegir un tema musical y diseñar una coreografía en la que se incluyan la posturas de Acrosport que recogen las ilustraciones inferiores. Para cuidar la estética de tus movimientos tendrás que ensayar, especialmente la creación de las figuras humanas (quién irá en cada posición, a qué velocidad se realizarán los movimientos, cómo se desmontará la figura, etc.).

Quique lleva el ritmo dentro

Crear

Vas a escribir, dirigir e interpretar tu propio anuncio publicitario. Imagina que te han encargado promocionar la mejor bebida de todas: el agua. Reúnete con tu grupo, empieza el proceso creativo y recógelo todo en tu cuaderno de Educación Física.

Sigue estos pasos:

- **La idea.** Quizás sea lo más difícil. Tenéis que pensar una situación que invite a las personas que la vean a beber agua. Describe brevemente la idea del anuncio en tu cuaderno.

- **El proyecto.** Se trata de decidir qué dirá cada uno de los personajes que intervienen, en qué orden lo harán, qué objetos utilizarán y cómo irán vestidos. Escríbelo en tu cuaderno.

- **Los ensayos.** Usa tu cuaderno en clase de Educación Física para practicar vuestro anuncio. Es el momento de ver cómo queda y, si es necesario, hacer algún cambio.

- **El gran estreno.** El día fijado tendréis que representar el anuncio frente al resto de la clase, que será vuestro público. Es el momento más importante de toda dramatización.

Investigar

Las danzas y bailes forman parte de la cultura. Por ello, en todos los lugares hay manifestaciones únicas.

-Busca la danza o baile más característico de tu provincia.

-Escribe en tu cuaderno indicando en qué ocasiones se baila y cuál es su origen.

-Acompaña el texto con un dibujo de los trajes típicos de bailarines y bailarinas.

www.ingramcontent.com/pod-product-compliance
Lightning Source LLC
Chambersburg PA
CBHW080553170426
43195CB00016B/2774